追寻教育的美好

何冰森◎主编
吴剑锋　吴秀秀　黄铁霞◎副主编

ZHUIXUN
JIAOYU DE MEIHAO

美好教育教学成果集

華中師範大學出版社

新出图证（鄂）字 10 号

图书在版编目（CIP）数据

追寻教育的美好——美好教育教学成果集/何冰森主编；吴剑锋，吴秀秀，黄铁霞副主编. —武汉：华中师范大学出版社，2024.5

ISBN 978-7-5769-0533-5

Ⅰ.①追…　Ⅱ.①何…　②吴…　③吴…　④黄…　Ⅲ.①小学—校长—学校管理　Ⅳ.① G627.1

中国国家版本馆 CIP 数据核字（2024）第 087174 号

追寻教育的美好——美好教育教学成果集

©何冰森　主编

编辑室：第一分社　　电话：027-67867317

责任编辑：陈良军　　责任校对：骆　宏　　封面设计：胡　灿

出版发行：华中师范大学出版社有限责任公司

社址：湖北省武汉市洪山区珞喻路 152 号　　邮编：430079

电话：027-67863426（发行部）

网址：http://press.ccnu.edu.cn　　电子邮箱：press@mail.ccnu.edu.cn

印刷：湖北恒泰印务有限公司　　督印：刘　敏

字数：230 千字

开本：710 mm×1000 mm　1/16　　印张：13.25

版次：2024 年 4 月第 1 版　　印次：2024 年 4 月第 1 次印刷

定价：69.00 元

欢迎上网查询、购书

序　　言

2024 年 9 月 1 日，华中师范大学附属惠州大亚湾小学将迎来建校 10 周年纪念日。在经历了发展战略机遇汇聚期，赶超跨越窗口期，越过了爬坡越坎关键期，突破发展瓶颈期，现已步入平稳快速发展期。

奋进铸就荣誉，荣誉见证发展。近三年来，学校先后荣获全国青少年足球进校园特色学校、广东省文明校园、绿色校园、心理健康教育特色学校和信息技术 2.0 试点学校等殊荣，《“五块”特色教育品牌是这样炼成的》刊载在《惠州日报》《喜迎二十大·惠州非凡十年》特刊，《美好教育　诗意前行》刊载在 2023 年 5 月的《中国教育报》。为全面提炼学校美好教育办学成果，展示教师美好教育实践探索的成果，学校将教师的成果结集为《追寻教育的美好》，作为美好教育系列成果之一编辑出版（丛书另外两册为《美好教育之路》《教育，这样更美好》）。

美好教育之路通向何方？教育一头连着社会的千家万户，一头连着教师的千辛万苦；一头连着党与政府的期望，一头连着家长和学生的期盼，不负重托，不负众望！我们的共识是：坚定为党育人、为国育才使命，坚定立德树人、培根铸魂信念，坚定做新时代“四有”好教师理想，在工作的琐碎中追寻教育的美好；提升创新力，在寻常中制造惊喜；提升审美力，在熟悉中发现美丽；提升思考力，在细微中拓展宽度；提升同理心，在平淡中播散善意；建立好关系，在交往中互相滋养。初心不改，虽远不怠，美好教育，静待花开。

我曾认真思考过如何让“美好”成为教育过程中一种实实在在的元素。品读老师们的一份份案例与论文，我看到“美好”无处不在，“创美好教育”“育美好之人”“遇见更美好的自己”等，每一位教师都在努力追寻美好、创造美好、成全美好。忆昔追今，我们全方位地共创美好教育。

规划愿景激发着美好教育发生。学校规划、教师专业发展计划，为教师们专业素养提升确立风向标，找到工具箱，备好催化剂。梦想能够照亮远行的方向，大家齐心协力把愿景一步步变成看得见的风景，三年“美好教育代言人”的展示，让大家在风景中看见自己最美的模样，从师德修养、育人艺术、课程开发、质量提升、学习进修、科研进展几个方面着手，美好在教育旅程中自然发生，愿景变风景，风景有许多场景，场景成为展示背景。

校园文化浸润着美好教育发生。以文化人，以文育人，教师们在环境布置、氛围营造、制度设计、活动开展等方面有意识地将美好作为旨归、作为内容，让美好在潜移默化中生长出来。大家在日常生活的点点滴滴中都有意识地关注、呈现美好，久而久之，会形成一种美好文化，形成一种欣赏美好、崇尚美好、创造美好的浓厚氛围，美好将逐渐成为一种文化自觉和言行习惯。

系统课程落实着美好教育发生。在创设美好的学校文化以外，还要开设专门的美好课程、在学科课程中渗透美好教育，将各种美好要素作为相关课程建设的关键词，通过目标、内容、实施、评价等课程要素的架构，构建提升感受、欣赏、追求、创造美好能力为素养目标的丰富、多样、多层的学校课程体系。课堂教学从发生、发现、发挥、发展出发，让情境发生，让问题发生，教导学生能够发现问题、提出问题、自主解决问题，最终实现学生核心素养和综合能力的提升。从生活、生态、生成、生长要素出发，关注学生生活经验，营造良好的课堂生态，关注生成的教学资源，让学生实现自主成长。

教师爱心滋养着美好教育发生。美好不只是教出来的，而是在真实的人际交往中相互感染而生发出来的。对于学生来说，教师、家长、同伴是学生时期最重要的人，习得美好尤其依赖于教师、家长对美好的示范与引领。在学校教育情境中，教师的美好可以说是最重要的文化和课程，教师要带头在教育生活中发现美、欣赏美、创造美、展现美，让“美”成为学校教育的特质，让校园的环境美、语言美、行为美、形象美，从而展现人的心灵美、人格美。

学校管理保障着美好教育发生。学校有学校管理，班级有班级管理，课堂有课堂管理，不管哪种管理，基于实际、基于管理对象特点，做到科学化、民主化、校本化、人本化统一；提高执行力，做好闭环管理，提高管理者人格与专业影响力。管理应坚持一个主线——美好教育，两个目标——美好成长印记和拥有美好人生的能力，三个对象——教师、学生、家长，三个美好目标——身心美好、德行美好、智趣美好，让美好看得见、可感知、可印证。

协同共育推动着美好教育发生。建设规范家委会，开设多层次、有针对性的家长学校课程，讲究家校沟通方法。进行上位的沟通，让人“心更亮”；进行信念的沟通，让人“心更坚”；进行坦诚的沟通，让人“心更安”；进行柔性的沟通，让人“心更暖”，打通人与人之间的堵点、痛点、难点、盲点，让人与人的心贴得更紧。

在社会快速发展的今天，生活节奏加快，教师更需立足岗位绵绵用力，收获美好的瞬间、美好的画面、美好的人和事等。一切美好，一点一点地持续叠加，才能引导学生不断向上而生、向美而行，在细水长流中汇聚出令人咏叹的教育价值。

回顾一起走过的路。我们彼此连结，互相赋能，在复盘中感受到教育的美好！作为华中师范大学附属惠州大亚湾小学的一员，有幸得到大亚湾经济技术开发区管委会领导的大力扶持，得到华大教育集团丰富的教育资源，我们倍加珍惜，希望能努力用好它，留下美好的教育印记，创造一笔宝贵精神财富。在这册书里，我欣喜地看到教师们作品的时代性、朴实性和可推广性。愿未来的日子，我们一路耕耘，收获快乐，收获成长，收获健康！

罗　晓

2023 年 9 月 16 日

目　录

第一章　育人为先

第二章　师爱为魂

第三章 方法为本

第四章 能力为先

第一章　育人为先

为党育人守初心　立德树人担使命

何冰森

【主要观点】

学校作为立德树人、铸魂育人的中国特色社会主义教育基地，必须坚持社会主义办学方向，坚定用习近平新时代中国特色社会主义思想铸魂育人。履职尽责，勇于担当，教育青少年学生始终听党话、跟党走，引导广大青年学生扣好人生第一粒扣子，打好人生发展的坚实根基，做中国特色社会主义合格的建设者和可靠的接班人。

【经验分享】

德育是实现“五育并举”的关键所在，这是全体教育工作者的共识，也是整个社会的共识。中国上下五千年以德为核、以德为要，才造就出我们这样一个坚忍不拔、不屈不挠的伟大民族，才造就了那么多至圣大贤、民族英雄。长期以来，我们在育人过程中一直坚持把“立德”放在育人的首要位置，即“德育为先”，实践证明，这个方向是基础性的，是非常有远见卓识的，也是无比正确的。新时期，我们要解决培养什么人、怎样培养人、为谁培养人这个根本的教育问题，实现“培养德智体美劳全面发展的社会主义建设者和接班人”的教育目标，就必须紧密结合新时期的新情况、新特点，分析和解决出现的新问题，抓住“怎样培养人”这个关键，实施“五育并举”，在“立德”上狠下功夫、下足功夫。

一、立德为先，严守师道

中华民族是重视德育的民族，把师德摆在第一位，是因为万事从做人开始。“一年之计，莫如树谷；十年之计，莫如树木；终身之计，莫如树人”，“立德树人”是我国历年来遵循的理念。近日，教育部召开师德师风建设工作推进暨师德集中学习教育启动部署会，要求各地各校强化师德学习教育，坚持师德违规零容忍，将个别“害群之马”坚决清除出教师队伍，这是与中华民族把师德摆在第一位一脉相承的，是高尚师德的最好诠释。

走上三尺讲台，教书育人；走下三尺讲台，为人师表。教师不仅是人类文明的传承者，更是莘莘学子的引路人。教师要有爱心，要德才兼备、以德为先。师德师风直接影响教师队伍整体素质，关乎培养什么人、怎样培养人、为谁培养人这个教育的根本问题，关乎立德树人根本任务的落实，以及培养社会主义建设者和接班人的教育使命和职责。教师理应做到学高为师、身正为范，做道德楷模，树行之高标。新时代的人民教师需时刻保持热爱教育的初心和淡泊名利的坚守，始终站稳政治立场、提高政治觉悟、增强政治定力，做到立德修身，潜心治学，真正把为学、为事、为人统一起来，当好学生成长的引路人。

（一）坚定理想信念，永葆初心使命。人民教师和教育工作者，一定要时刻认清自己的使命，始终把坚定理想信念作为终身课题，加强个人师德修养，保持敬畏之心，常怀清廉之志，常思贪欲之害，把立德修身融入办学治校、教书育人全过程，提高教育教学质量和立德树人水平，真正做到清清白白做人、干干净净为师。

（二）扛起责任担当，强化监督管理。学校党支部要切实抓好日常监督管理，常态化开展警示教育、上好廉政党课和开展谈心谈话，把知责尽责延伸到每一名党员、每一名教师，及时纠正党员教师的苗头性、倾向性问题，使其时刻保持头脑清醒，做到知责于心、担责于身、履责于行，心无旁骛、全心全意投入教学管理中，俯下身去潜心治学，做教书育人的“大先生”。

（三）聚焦高质量发展，推动队伍建设。学校要以党建为统领，以师德师风建设为抓手，不断引导党员教师自尊自爱自重，积极主动践行高尚师德，始终把老师作为第一身份，把师德作为第一标准，以德立身、以德施教，争做新时代“四有”好老师。

二、坚守初心，甘于奉献

奉献是一种美德，作为党员教师更要在乐于奉献、爱岗敬业方面发挥先锋模范作用，为人民的利益而工作，为人民的利益而奉献，为人民的利益而献身。只有为国家、为社会、为民族、为集体的利益奋不顾身地工作着，毫无保留地贡献出自己的聪明才智，这样的人生才有真正的意义，才是光荣的人生、闪光的人生。

当前，教育改革正在深入进行，素质教育观念正日渐深入人心，新课程改革及“双减”带来了教育教学思想与教育教学方式的深刻变革。党员教师应该努力摒弃消极观念，满怀激情地投入教育改革的大潮之中，建功立业。新形势下，每一个党员教师都要按照党章的要求和教育部门的规定严格要求自己，坚定理想信念，牢记人民对美好生活的向往，就是我们新时代的奋斗目标。虽然，这一路并非一帆风顺，但我们要用我们的担当，做好披荆斩棘的准备。要坚持与时代同行，倾听百姓的声音，回应时代的需要，在全心全意为人民服务的道路上扎扎实实推进工作，让人民有获得感、幸福感。不忘初心和使命，就是要把有限的生命投入无限为人民服务之中，以学生利益为重，以家长需求为要，工作实实在在，为梦想不懈奋斗，做新时代追梦人。

敢于担当，奋勇前行。我们要充分发挥“撸起袖子加油干”的不畏艰难迎难而上的精神，在“实”上下功夫，在“办”上谋突破，绘制好民族复兴的伟大教育蓝图。立足长远，做好当下，敢于担当，勇于作为，解决好教育发展共性需求和存在的普遍性问题、痛点难点问题。同时，作为党员教师，更要不辱使命，勇挑最重担、敢啃最硬骨，敢作为、干实事、敢为人先。要坚定理想信念和用勇气战胜前进道路上的艰难险阻，不断增强党性意识，树立共产党员良好形象，在奉献中实现人生价值，用人格力量去鼓舞他人，把工作做得有声有色，永远进取，不言放弃，用自己的才华和热情传道授业，争当优秀工作者、争当能手、骨干，把自己的智慧和热血献给伟大而崇高的教育事业！不负这个时代所赋予我们的神圣使命，成为实现中华民族伟大复兴的长征路上的继承者。

三、加强学习，担当作为

面对当前知识奔流的时代、终身学习的时代，不加强学习，我们就会丧失保持先进性的本钱。争当“学习型教师”，不断推进自身专业化发展，是我们每一个党员教师应当履行的义务。党的二十大以来，如何持续加强党员教师作风能力、学习能力，成了党员教师工作和成长的必经之路，同时也对党员教师“学什么、做什么”，提出了更高的要求。在适应新时代、新发展、新格局的进程中要始终牢记党对党员教师学习的根本要求。

（一）学好规纪，严守纪律。当今社会纷繁复杂，诱惑利欲无处不在，不迷失方向，不迷失道路，不迷失自我，做到真正用心守住职业道德底线，方能行稳致远。党员教师在奋斗的人生中选择了在黑板前站立，挥洒热血，就选择了一种永恒的姿势、一种责任、一种默默无闻的情怀。用三尺讲台诠释自己的初心和使命，用党规党纪规范自己的一言一行，用廉洁从教守住道德底线是我们的行动指南。教师要抱着一颗强烈的责任心去工作，学会在工作中寻找乐趣，才不会觉得平凡工作带来疲劳和倦怠，否则会提早进入职业倦怠期。教师要抱着一颗事业心去工作，学会在工作中创造价值，才能把工作做得更细、更实、更好，在枯燥乏味的工作中找到职业的幸福感。我们更要提高政治站位，依靠一种精神、一种责任，增强教师个人身份的认同感和职业的光荣感，把一片赤子之心奉献给最热爱的教育事业，在平凡岗位上践行党旗下的铮铮誓言。

（二）涵养规纪，忠诚教育。用思想武装头脑，用知识拓宽眼界，用初心践行使命。关爱学生就要做学生的贴心人，就要懂得尊重学生。虽然老师和学生在教学过程中处于两种不同的位置，但在人格上是平等的。只要学生的心跟教师一起，劲就会往一块儿使，学生才会乐于接受教导，形成平等友爱的师生关系。廉洁从教，向阳而生。“贪如火，不遏则燎原；欲如水，不遏则滔天。”一个个引人深思、发人深省的案例警示我们千里之堤，溃于蚁穴，小洞不补，大洞吃苦。教师是一份清贫的工作，部分教师因为一时的贪念，最终误入歧途，难以自拔。因此教师要利用身边人说身边事，从生活中的真实案例时刻去警示自己，以案为戒、警钟长鸣，明白今天的小问题或许就是明天的大麻烦，防微杜渐，做到慎微、慎初、慎独，坚决把贪腐之念挡在门外。一名合格的人民教师，要时刻牢记自己身份的特殊性，加强自我修养，对党规党纪心存敬畏，慎始敬终，警钟长鸣。

（三）践行规纪，廉洁从教。党规党纪不同于普通的法规，它具有更强的针对性和更严的执行力，为党员教师划定了绝对不能碰的“高压线”。在奋斗的历程中，我们要把党规党纪当作一面镜子，时刻对照，自我剖析，自我检点，牢记我们来时的路，不忘根本；牢记我们在党旗下的庄严宣誓，坚持知行合一，时刻用“忠”坚守高线。在教育教学工作中，党员教师要始终坚持党的教育方针，要有示范意识，在党员的先进性上要主动发挥先锋模范作用，提高个人思想认识，给学生树立榜样，并时刻提醒自己扣好教师廉洁守法的每一粒扣子，提高政治站位，增强规矩意识，守住政治关、权力关、交往关、生活关、亲情关等，走好履职每一步，方能收获成长。

廉洁从教，并非片面意义上的清廉、高洁的教育，而是挣脱行为上的禁锢，在思想上达到超我境界的教育。我们深知教育的意义是培养德、智、体、美、劳全面发展的人，而廉洁教育正是德育教育最好的诠释。教育家陶行知先生，一生执教，持俭守节，他“捧着一颗心来，不带半根草去”，就是对教师奉献精神最好的诠释。他的这种廉洁从教的作风，所产生的道德影响力，深刻地影响了一批又一批学生。因此，我们要努力完善自我人格，充分发挥人格力量的引导作用。所谓“己不正焉能正人”，唯有如此，学生才能敬其师，信其道。

教师的职业就是用语言来播种、用粉笔来耕耘、用汗水来浇灌、用心血来滋润，以为学生服务为最高目的。作为新时代的教师，我们需要更新理念，做解放思想的排头兵，必须坚定对党的教育事业无比忠诚的信念，做合格的教育者。要用高尚人格感化学生，做学生人生路的指路人。教师要以担当诠释责任如天，以坚守彰显教育大爱，只争朝夕，不负韶华，担当作为！

【深度思考】

作为新时代的人民教师，必须将党的二十大催人奋进、顽强斗争的精神，转化为守初心、担使命的强大动力，坚定“四个自信”，做到“两个维护”，立德树人，铸魂育人。自觉提高政治站位，提升工作能力，赋能教育教学实践活动，培养青少年的志气、骨气、底气，不负时代，不负韶华，书写时代绚丽华章！

"美好教育"理念下"体悟式"德育的探索与实践

吴剑锋

【主要观点】

习近平总书记在党的二十大报告中明确指出："教育是国之大计、党之大计。"培养什么人、怎样培养人、为谁培养人是教育的根本问题。小学生的教育尤其要落实"立德树人"的根本任务，培养德智体美劳全面发展的社会主义建设者和接班人。本文以华中师范大学附属惠州大亚湾小学"美好教育"理念下"体悟式"德育为例，探讨小学德育工作的创新和推进。

【经验分享】

授人以智，育人以德。德育是学校教育的重中之重，在美好教育理念下，华中师范大学附属惠州大亚湾小学积极推进"体悟式"德育，对标"新时代好少年"，创新提出培养"六美"少年的育人目标，在为国育人、为党育才的路上，学校德育工作在实践中不断探索前进，取得了良好的育人成效。具体做法如下：

一、"六美"目标引领

秉持美好教育理念，我们确立的学生培养目标是培养"六美"美好少年。所谓"六美"？一曰美心，内心崇高；二曰美智，勤学善思；三曰美体，身心健康；四曰美趣，志趣高雅；五曰美言，善于表达；六曰美行，行为文明。

在推进"体悟式"德育的过程中，学校始终将"六美"培养目标细化融入具体的德育活动中，并积极采取措施加以落实。一是引导学生进行内心独省，促使学生主动叩问心灵，形成德育内驱力，让学生努力成长为美心少年；

二是引导学生获取知识技能的过程中进行思索与探究，促使学生积极主动地去面对成长中的困难，做一名美智少年；三是引导学生爱护自己的身体，主动参与体育锻炼，追求健康，成为一名美体少年；四是引导学生有效表达、正确沟通，从文明礼貌用语、待人接物做起，做一名美言少年；五是引导学生积极选修学校本课程，广泛发展个人兴趣，做一名美趣少年；六是引导学生从客观理性的角度约束自己的行为，思考自己的行动，做一个美行少年。

二、主题教育落实

德育教育不是一时之功。因此，在推进“体悟式”德育，培养“六美”好少年的过程中学校须始终坚持稳步推进，扎实走好每一步，狠抓主题教育的落实。

为全面促进学生成长，学校每月都会开展主题教育，形成主题活动常态化，如每年 2 月开展劳动实践教育，3 月开展学雷锋志愿服务活动，4 月开展了“美丽心灵春夏行”系列活动，5 月开展“五一劳动节”系列教育活动、法制主题教育活动，6 月开展“护苗”防性侵教育、禁毒教育活动等。通过丰富多彩的活动，让学生充分感受到德行的美好，同时也促使学生更加积极主动地养成良好的习惯，形成美好的德行。

推进“体悟式”德育，培养“六美”好少年当然离不开班队建设。所以，在进行主题教育时，学校始终坚持将德育建设融入班队建设之中，加强美好班队建设，塑造精品班级文化，激发班队争先创优积极性，培养集体荣誉感，每周进行文明班级评选，让学生在班级建设过程中感受美好的品德，促使学生主动追求“六美”。

三、生活体验推进

教育源于生活，生活孕育教育。对于学校教育而言，引导学生走进生活、感悟生活、用所学过的知识去解决生活中的问题是学校教育的目标之一。为此，我校在全面总结已有工作经验的基础上提出了美好教育的“体悟式”德育，旨在引导学生从自身出发，在生活中实践中去体验、感悟。

在实施中，“体悟式”德育立足学生生活，体现德育的生活化、开放性；立足学生独特体验，体现个性化、实践性；立足学生身心特点，体现适切化、发展性。实践证明，生活才是最好的“道场”，生活也是教育的本质。因此，在推进“体悟式”德育的过程中，学校始终坚持从生活中来，到生活中去的教育理念，将生活作为育人的平台，选择合适的日常生活载体来传道授业，育人以德。例如学校可以通过选择富有教育意义的德育情境，让学生在情境中自主体验、领悟情境活动存在的丰富德育内涵，并内化为自己的道德意识，形成自觉的道德行为；在三年抗疫时期，始终坚持宣传抗疫英雄，让学生通过阅读、观察等方式去发现身边这些无名的英雄，鼓励学生用自编歌曲、撰写感言等方式感谢这些英雄使他们能感受到疫情时各行各业的平凡人为大家所做出的无私贡献，促使学生在自主体验中进行思索和感悟，进而获得道德素养的提升。

生活处处皆学问，人情练达即文章。“体悟式”德育便是要求学生主动走进生活，主动走进一个又一个场景中去进行主题的体悟，在学校的日常生活中去感悟处事的基本准则，如在课堂情境中去感悟学习的魅力，在走进自然中去体悟生活与社会的真谛，去叩问内心的情感，让学生的精神世界得到升华。

四、家校协同共育

学生的成长不仅仅是学校的工作，还是各方面力量的共同作用，应做到协同育人，共同进步。为此，学校推进“体悟式”德育，在培养“六美”好少年的工作中积极建设“三级”家校美好联盟，即班级、年级、校级三级联动，用家校“命运共同体”助力孩子成长成才。成立“家校教育联盟”教育中心——家庭教育学校；“家校教育联盟”服务中心——志愿者服务；“家校教育联盟”宣传中心——写、推新闻稿；“家校教育联盟”协作中心——解决家校矛盾；“家校教育联盟”活动中心——组织家长活动。深入开展社会主义核心价值观教育，通过开展“万师访万家”活动积极引导家长参与文明城市建设、未成年人思想道德建设。家校联盟中学生是大家共同关注的主体，学校是主要的倡导者与践行者，家庭是重要的参与者与辅助者，因此，学校可以组织校园德育活动，通过开展主题班会、升旗仪式，深入开展“中国梦”“三爱”教育等教育实践活动。在做好少先队各项常规工作的基础上，把工作的重心放到特色建设上来，围绕“校园行”“家庭行”“社会行”三个篇章开展活动。如少先队紧跟上级步伐，开展系列入队前教育活动，按要求分批入队，组织少先队员到烈士纪念碑进行清明祭扫活动，开展了系列学党史、做雷锋、见行动主题教育，广播台每天推送党史故事，学校通过系列教育活动引导学生积极践行社会主义核心价值观。

在这些丰富多彩的德育活动中，学校充分发挥了其引导者的作用，家长们也积极配合，在家校联盟的过程中，家庭与学校共同营造了良好的德育氛围，让广大学生沉浸在积极向上、健康快乐地成长环境中，共同推进了“六美”好少年的全面成长。

五、安全保障为先

学生的安全大于一切。因此，开展安全德育，将安全工作融入德育之中，提高学生的内驱力，促使学生从德育的角度树立安全意识，是学校德育工作的基础和前提。

在德育工作中，学校将安全德育工作作为第一要务来抓，把创建安全文明校园作为“体悟式”德育的头等大事，在开展德育工作的过程中，将安全工作的内容、重要性、实施措施与其紧密结合，坚持以防为主，积极开展各类安全知识培训、教育活动，落实各项防卫措施，使创建安全文明校园工作得以全面、深入、有效地开展。

德育是学校教育的重要组成部分，育人以德才是教育的最高境界。在美好教育的理念下，我们积极推进“体悟式”教育，把学校最美的基因传承好，引导学生做“六美”学生，培养“惠人惠己惠世界”龙光少年健全人格，逐步形成“龙行天下 光彩照人”的气魄。

【深度思考】

浇花浇根，育人育心。推进教育的高质量发展，最根本的是要健全“三全”育人机制，把立德树人融入文化知识教育、社会实践、主题活动等，统筹推进学生的全面发展，习总书记说：“人民对美好生活的向往就是我们奋斗的目标。”而人民对美好教育的向往也就是我们教育者奋斗的目标。未来，我们将继续深耕美好教育，落实“体悟式”德育为培养合格的社会主义建设者和接班人、为培养“六美”少年而不懈奋斗。

我走在教学成长的道路上[①]

黄铁霞

【主要观点】

教育像一场春雨，润物细无声，教育教学的道路很长，我们慢慢地走，沿途中会发生很多值得回味的故事。当我们坐在角落休憩时，回头看看自己脚下走过的路，吸取教训，总结经验，继续反思前行，就一定收获别样风采，成为最好的自己！

【经验分享】

时光荏苒，岁月如梭，不知不觉已在教育教学的道路上走了近十年。回眸走出校门的那一刻，我怀揣着对教师这一职业无限的热情和期盼，迈上了我的教育征程。一路走来，我对教师职业的认识，经历了从陌生与困惑到成熟与坚定再到热爱与幸福的心路历程。在教育教学的路上，我逐渐成长着，以下便是我成长的轨迹。

三尺讲台

那时刚踏进附小的我，迷茫、兴奋、紧张、期待，带着这种复杂的心情开始了我的教育教学工作。对于一个年轻教师来说，我是幸运的，因为学校不遗余力地为我们教师成长构建出一个和谐、阳光、快乐、健康的成长环境。各种培训可以让我们借鉴、交流、反思、提高。我们在这样的环境中与学生共同沐浴着阳光成长。

---

① 此文曾获大亚湾区 2016 年“甘守三尺讲台，争做‘四有’老师”师德征文评选活动一等奖。

回想我教学生涯中的第一堂课，以为带着一份反复思索后才定稿的教案，就能轻松地踏上三尺讲台。然而，讲台上的我仍会战战兢兢，这 40 分钟的紧张让我终身难忘。但我感激那份紧张，它让我备教材时更加认真，它让我时刻进行反思。

在三尺讲台上，每当看到孩子能快乐地学习，在课堂中能畅所欲言，自主探究出知识，课后还能围着你说“老师，刚刚那个问题，我还有不同的方法解决”时，我心里都美滋滋的。

记得在教学“小小设计师”一课时，孩子们用心地设计属于自己班级的班徽，当他们拿着自己的作品上来展示时，一位男孩对自己的作品阐述深深打动了我。他站在讲台上，指着作品解释道：“我的班徽设计最下面画了一片海洋，海洋上画了一本书，书上画了 4 个不同颜色的圈，最上面画了两颗明亮的星星；这个班徽的寓意是我们班 4 个小组的同学一起在书的海洋中学习知识，星星代表语文老师和数学老师，指引着我们学习。”顿时，我心里像冰激凌一样融化了，台下的同学也不由自主地鼓起了掌。

这样一处小小的教育教学细节，使我感动。我想成为那颗永远为孩子指引道路的闪亮星星，让孩子在书的海洋中徜徉。

虽然我由于年轻，经验不丰富，但我有一颗学习的诚心，我会在接下来的教育教学道路上不断充实自己，努力让自己积攒更多的教学经验，为以后教学达到质变做好量的积累。

爱的感染

教师，既是知识的塑像，更是爱的化身，只有接近学生，用爱去感召学生，才能教育好学生。因此，教师只有把爱的种子播撒在学生的心田，以学生的要求作为爱的起点，才能在学生的内心世界培养出爱的感情。即使他们违反了纪律，老师严厉批评时，也要动之以情，晓之以理，更让他明白：老师是关心你、爱护你的，是为你着想才如此严格的要求……这样，用我们的爱在学生心中播撒阳光，从而使他们收获幸福。

真正快乐的学习成长是孩子通过自己的努力，取得进步；是受到学生的接纳，师长的肯定，家长的称赞；真正的快乐是把称赞当作动力，继续努力地学习；真正的快乐是始终坚守自己的信念，把握机遇，最终实现自己的理想。

春雨能温暖冰封的泥土，阳光能驱赶心灵的阴暗，生命的歌声能唤醒一粒粒沉睡的种子。爱学生，就要像春风化雨般无声，让它解开孩子们生活和学习中的困惑，让它驱逐孩子们成长道路上阴霾，使他们成为一道最赏心悦目的风景。

每天早晨，面对太阳，让我们一起迎接新一天的开始，让我们共同拥有阳光一般的心态，快乐学习，快乐工作，做孩子们心目中的那一缕暖暖的阳光吧！

拥抱信念

我爱教学，因为它让我有了追求与梦想。我爱学生，因为他们给我带来了最纯真的爱。作为一名教师，只有树立了崇高的理想信念，把教书育人当作自己伟大的使命，我们的教育才会更加美好，才能在孩子的心中种下梦想的种子。教师是育人的工作，世界上没有什么工作比这更繁琐、更复杂了。对于教师来说，我们面对的每个学生都是一个特殊的独一无二的个体。如何做一个能带领学生在阳光下快乐学习和成长的老师，是非常值得我们去思考的问题。

有一位专家说道：教师在教育教学中要选择面对阳光，而不是背对阳光，要让我们的教育智慧如阳光般地洒在孩子身上，让孩子在阳光中沐浴教师给予的“引”和“悟”。我面向阳光，拥抱理想信念，在充满希望的教学生活环境中，我无时无刻不在激发着自己热情，让自己能在教育教学中无限燃烧自己。

展望未来

回望这一路的教学足迹，有成功，也有失败。成功，只会是一股继续推动我前进的力量；而面对失败，我再也不会害怕，而会更加努力去想尽办法做到最好。我不会懈怠，我深知后面的路还更长，在今后的教育教学工作中，我将立足实际，创造性地开展教育教学，积极探索教研，继续耕耘，继续收获。

教育教学的道路上，有各种酸甜苦辣，但我能很自豪地说：感谢这些过程，才让我真正地感受成长。经营需要时间，成长需要过程。让我们用自身的人格魅力感染孩子们，使其健康快乐地成长。让我们在“四有”的路上努力追寻，坚信选择，收获快乐！

【深度思考】

教育是国计，也是民生；教育是今天，也是明天，我们期盼美好的教育。教育事业的崇高，需要我们满怀激情地追求，教育工作的平凡，需要我们默默地奉献。美好的教育，只要我们肯付出、肯奋斗，无所畏惧、勇于担当、敢于创新，就一定能实现。让梦想的阳光，照亮我们前行的道路。

行者无疆·乘风远航①

廖嘉强

【主要观点】

教育是一场远航，向着美好的时代前进。在党的二十大报告中，我找到属于自己最坚定的方向，更加笃定地做教育的行者：把所有的力量都扎根在教育的土壤、把所有的爱心都奉献在孩子们的童年，指引孩子们到达理想的彼岸。

【经验分享】

教育，是一场走进学生心灵的旅行。

关怀，鼓励，成功，失败，忧伤，喜悦，都是一道道令人驻足的风景。

这便是最美好的年华，因为孩子们的笑脸像花儿一样绽放。

这便是最美好的岁月，因为孩子们的脚步在坚定地前行。

听一场雨，那是滋入心田的声音。

听一阵风，那是心灵与心灵之间的歌唱。

行者无疆，乘风远航，在伟大的时代中一同迈向光明的方向。

——题记

一、伴着梦想启航

九月的风夹杂着轻柔的雨，有着微微的清凉，更有着春日般的希望。我就是这风中小小的雨，期望着赶快走进孩子们的心田，为他们催开希望的花

---

① 此文曾获 2022 年大亚湾区师德征文一等奖。

朵。那时候的我还是年轻的模样，从校园中不断吮吸着心灵的力量。学业一向优秀的我，总是被家人寄托着无限的希望。我也曾喜欢沉浸在风云激荡的电视剧画面中，将自己想象成那其中的饱学之士，能够在广阔的天地里一展所长，但我更愿意做一块基石，因为我深知经过时间的流淌，财富和地位终将被人们遗忘，而那无私的关怀和真挚的爱，却能够长久停留在莘莘学子的心中，不断发出清亮的回响。

这便是我最坚定的力量，为我的心灵指引了最正确，最长久的方向。人们说教师既高尚又清贫。但我却说教师既光荣又富有。光荣的是能够做无数个孩子的第二个父母，帮助无数个家庭成就未来的希望。富有的是能够在不断的奉献中得到一次又一次的认可，一次又一次的感恩，与那些有着纯真心灵的孩子成为永远的朋友。

在这样美好的构想中，在这样深刻的认识中，我将心灵的家安置在了这片祥和的校园。一个个热爱学习，热爱幻想的孩子，让我的美术能力有了广阔的“用武之地”。我幻想，我要做画家，做诗人，也做音乐家。将一切美好的事物呈现给孩子们，让他们拥有发现美的眼睛，拥有创造美的双手，拥有感受美的心灵，更拥有充满美的生活。一个个正在茁壮成长、顽强拼搏的孩子，更加激励着我用善良的心、责任的心引领他们全面成长，寻找自己的理想，迎接美好的时代。

伴着这些美丽的梦想，我和孩子们在知识的海洋里扬帆起航，在美好的年华中乘风破浪。我找到了自己最坚定的方向，那就是把所有的力量都扎根在教育的土壤，把所有的爱心都奉献给孩子们的童年。

二、迎着困难前进

我深知，幼小的孩子们只有掌握丰富的知识，具备多样的能力，拥有高尚的品质，才能够真正拥抱这个伟大的时代。但成长的道路就像在高山中攀登，有时会有平坦的大道，有时也会有坎坷的小路。有时会走进鸟语花香的园林，有时也会遇到暴风骤雨的天气。

初次上课时，我总认为孩子们会被我生动的讲解所吸引，会陶醉在那些美丽的图画中，让整个课堂充满欢声笑语。但这些孩子们是那样的顽皮，看到我只会投入地讲解知识，便不停地窃窃私语，让整个课堂久久难以安静。更让我失落的是，还有些学生对我精心准备的知识并没有强烈的兴趣，而是在桌框里偷偷玩着自己的玩具。这无疑让我受到了十分沉重的打击。

在安静的办公室，我反复地回想着课堂的宏观流程和具体细节。我终于认识到我太注重于“自己会什么”而忽略了“学生会什么”“学生怎样会”的问题。在整个课堂中，学生们只能不断地听我讲，而没有足够的时间自己思考，没有足够的空间自己尝试。痛定思痛后，陶行知先生“六大解放”的教育思想又给予了我深刻的启发。在下一次的课堂上，我也将自己当作了刚刚开始学习的孩子，用孩子们的视角看待一切知识，想出各种思路。让孩子们向我提出各种有趣的问题，与孩子们一起描绘各种美丽的图画。就这样，我的教学真正融入了孩子们的思维之中，兴趣之中，让他们对于我的每一次课堂都充满期待。

对于孩子们而言，比起学习，日常生活也充满了很多令人关注的事情。很多的孩子在刚刚进入校园时，总是习惯一个人待在座位上，把所有的同学和老师都当作陌生人。这让他们始终表现出忧郁的神态。我不由得回想起了自己的童年，我意识到孩子的心灵是敏感的，是脆弱的。他们更加善于体会他人说话时的语气、神态，更想知道他人是否真正关爱自己，喜爱自己。于是，我并不简单地发出鼓励，说“你来和我们玩吧”。而是静静地走到他的身边，询问他最喜欢学习的知识，最感兴趣的游戏，在生活中最难忘的经历。在这样多次的交流后，让孩子们知道，我不仅是督促学习的老师，还是他无话不谈的好朋友。就是在这样欢快的交流中，他学会了举一反三。就是这样细微的举动，让一个孩子真正融入了温馨的集体。

这些成功的经历，让我真正体会到了迎着困难前进，不仅需要坚定的教育信念，还需要了解孩子的内心，研究教育的规律，创新教育的方法。这让我对教育的智慧不断有了深刻的感悟。

三、向着未来奋发

孩子们逐渐会长大，也终将会长大。他们会离开校园，走上属于各自的人生道路。但无论走到哪里，无论走到何时，只要具备向未来奋发的勇气，就能够创造出美好的天地。这让我认识到，教师的教育不仅要着眼于孩子们的现在，还要放眼于孩子们的未来。每个孩子都是独一无二的个体，只有塑造出他们独特的个性，才能够让他们具有更强的竞争力，成为祖国优秀的人才。

我认识到，教师不能是自私的，不只要让学生们学会本学科的内容，还要构建学生宏观的学习视野，让他们成为具有综合素质的人才。有一个学生喜欢美术故事，她经常对着各幅图画热情地想象，能够讲述出许多生动的故事。于是我鼓励她从语文的视角出发，阅读许多童话书籍，了解丰富的人文知识。她将这些作为绘画的素材，能够画出比其他学生更生动的内容。另一个学生喜欢体育游戏，他总是渴望在赛场上展现矫健的步伐。于是我让他用泥土塑造出自己奔跑的样子。用手工制作的方式制作出各种各样的体育用具，就在这样跨学科融合的教学中，每个孩子都尽情地发展着自己的特长，强化着自己的能力，具有了向未来奋发的勇气。

看到他们欢快的身影，看到他们创造的身影，我的内心更加充满了无限的希望。许多年后，他们活动的环境将不再是教室，而是遍布祖国的各个角落，到达祖国需要的各个地方，这便是作为教师最光荣的地方。

在徐徐的秋日，二十大的号角雄壮地响起，向我们发出最强烈的号召。我和学生们拿出五彩的画笔，将自己的梦想书写在这即将到来的美好时代。

有的学生描绘出了一只大大的飞船，她要做一名勇敢的女航天员，将理想的光亮照耀在更遥远的太空，更广阔的宇宙。

有的学生描绘出了一只只小鸟，一棵棵翠绿的大树，一朵朵鲜艳的花瓣。他要做一名知识渊博的生态学家，让人们的生活充满美丽的风景。

还有很多的学生写出了一行行五彩的字，一首首真挚的诗："祖国是天空，我们是星星""祖国是大树，我们是树枝""祖国张开了怀抱，我们点燃了梦想"。

这一句句美妙的诗歌表达了孩子们对祖国最美好的期望，也激励着孩子们为祖国发展承担起更重要的责任。

我也描绘了一幅图画，也写下了一首诗歌。这幅图画、这首诗歌将永远留存在我的心里。那是和孩子们一同成长的点点滴滴，那是对孩子们成长成才的热切希望，那是对二十大到来后的祖国的美好祝愿。

教育是永无止境的旅行，用奉献的心前行、用善良的心引航。每一个脚印都会踏出平坦的道路，每一次拼搏都会激荡出绚丽的浪花。拥抱可爱的孩子们，拥抱着美好的时代。在二十大的号召中，我们将更加坚定地做教育的行者，指引孩子们到达理想的彼岸。

【深度思考】

2021 年 7 月 1 日，庆祝中国共产党成立 100 周年大会在北京天安门广场隆重举行。在大会上，少先队和共青团员代表向党致以青春的礼赞，抒发“请党放心、强国有我”的铮铮誓言。这更坚定了我的信念，鼓励我保持一颗诚挚初心努力奔跑，继续前行！

好教师的课堂角色定位分析①

林海珍

【主要观点】

古往今来，教师在课堂中扮演什么样的角色，备受大众的关注。一个优秀的教师应该是持之以恒的激励者，聪明机智的引导者，积极阳光的评价者；应努力营造一个学生敢想、敢说、敢做的课堂氛围，培养阳光向上的美好学生。

【经验分享】

凭借华中师范大学发展办的教学平台，我校进行了一次“同课异构”的大教研活动。所谓“同课异构”即同一节的内容，由不同老师根据自己的实际、自己的理解，自己备课并上课。由于老师的不同，所备所上的课的结构、风格，所采取的教学方法和策略各有不同，这就使同一内容的课更加多元。从这次“同课异构”中我感受到来自山东杜郎口小学崔老师与众不同的教学魅力。

崔老师以西天取经中唐僧是否是一个好老师为例展开讨论，她强调教师在课堂中要发挥重要的作用：一是充分放手，相信孩子，发挥学生的自主权；二是统一思想，引导学生共同实践本节课的教学目标，如唐僧师徒四人的总思想是西天取经；三是小组合作，分工明确，争取人人都参与到课堂活动中。以前我总思考：在课堂中我（老师）是谁？到底一个好教师在课堂中要充当什么样的角色？今天我从崔老师的课中得到了明确具体的答案。

---

① 此文曾发表在《教师教育论坛》2016 年第 11 期。

持之以恒地激励者

崔老师在课堂上，要求学生大胆积极发言、声音洪亮、仔细倾听，即使说错了也没关系，学生只要想发言直接站起来说，不需要举手。这种模式打破了传统，学生刚开始都有点拘束，于是崔老师通过两个游戏来培养学生的积极性和自信心。游戏一：大风吹，吹什么？崔老师先自我介绍，给学生做好榜样，再通过游戏让学生自我介绍，过程中她不断激励学生大胆介绍自己、看谁的声音最响亮，持之以恒地渗透：教室是学生的地盘，课堂是学生自己的舞台，积极自信才是最棒的。游戏二：说的做得不一样。崔老师激励全班学生人人都参与到游戏中，只要积极参加，大胆发言，即使说错了做错了也没关系，让学生明白课堂是允许出错的。游戏后，崔老师让学生自由说说游戏体会，并及时用掌声肯定学生的进步，如班长刚开始发言时声音很小，通过游戏之后变得自信大方。正因为崔老师持之以恒的激励，学生从之前举手才能回答问题的模式中“解放”自己，变成人人争着说、抢着说出自己的想法。

聪明机智的引导者

如今提倡以学生为主的课堂，难道教师就什么都不用做，看着学生表演就行了吗？不是，是教师转变了角色，教师由原本的主角变成学生进行课堂学习探究的导演，统一思想，共同完成本节课的教学目标。如在“等量关系”授课中，跷跷板原本平衡（1只鹅=2只鸭+1只鸡），思考“此时1只鸡仍在右边，让两只鸭飞走，跷跷板还要保持平衡该怎么办？”学生大胆猜想，说让鹅减肥，这个答案是教师预设不到的，普通教师可能就被学生的答案吓住，说：“好，请坐，谁还有不同的想法？”但是崔老师发挥教育机智，从学生的猜想中出发，引导学生思考“减肥是个好方法，问题是该怎么减？”同理，对于问题“2只鸭仍在右边，让鸡飞走，跷跷板要平衡该怎么办？”学生立即猜想要增肥，聪明机智的崔老师引导学生思考“增肥关键是增到哪个质量？”而学生的思维处于积极活跃的状态，难免偏离了探究的方向，于是作为课堂的引导者，崔老师适时将学生拉回课堂研究的内容中来。在她课堂中，教师不是高高在上的神圣者，而是以一个优秀孩子的身份去引导点拨学生学习中遇到的难题、瓶颈的引导者。

积极阳光的评价者

法国著名作家安德烈·莫洛亚说过："美好的语言，胜过礼物。"在崔老师的课堂中，她善于运用语言对学生的表现及时地做出具体的评价，是一个积极阳光的评价者，如"你比老师懂的知识多，我得向你学习""大家精益求精的态度值得我学习""你是一个善于反思总结自己的孩子""很规范的数学语言，我喜欢""你真了不起，还是个大领导""最喜欢有火眼金睛的孩子""此处应该有掌声"等。每个孩子如同那天上闪烁不定的星星，有的明，有的暗，有的近，有的远。只要细心、耐心去寻找，会发现每个孩子的闪光点，及时抓住这些闪光点，进行及时、恰当、具体的鼓励，很可能会点亮一点，照亮一片星空。教师积极阳光的评价犹如及时擦亮的火柴，可让学生由平淡无奇的"灰姑娘"，迅速变为"美丽的公主"。

所以，我们教师在教学中要善于利用课堂、课间的小缝隙不留痕迹地表扬肯定学生的优点和进步，让他们感受到原来老师一直在关爱自己，从而对学习产生兴趣。也许教师的一个手势，一个眼神，一个微笑，竖一竖大拇指，轻轻地抚摸都会使学生在举手投足间感到亲切，拉近师生间的距离，这种内心情感的真实流露更能直接被学生所感知，并且能促进其进步与成长。

从崔老师的课堂中我还学到了许多，如尽量让每个学生参与到课堂活动中，这样学生就没时间发呆，营造宽松快乐的课堂氛围，让学生感受到：只要有想法，人人都有机会上讲台展示自己。所以，我们要改变传统的以教师为主角的课堂模式，做一个持之以恒的激励者、聪明机智的引导者、积极阳光的评价者，努力打造一个适合孩子并能锻炼孩子各种能力的阳光快乐课堂。

【深度思考】

"双减"的政策下，对教师提出了更高的要求，要做到减质不减量，关键在于让课堂 40 分钟实现最大的效能。而教师作为学生成长道路上的引路者，作为祖国花朵的培育者，只有准确把握住教师的课堂角色定位，才能培养出阳光向上的美好学生，才能让学生成为适应社会快速发展的高素质人才。

诗意课堂

韦明月

【主要观点】

庄子说："无用之用，方为大用。"历代前贤，志士仁人，用诗词雕刻精神世界里的自己，正是因为拥有人格魅力的诗词，可以跨越时空与今天的我们对话，而我们，尽管身处信息快速更迭的时代，容易心浮气躁，依然可以通过激昂文字与古人共情。诗词课堂里流淌的不只是时光，还有诗歌之美。

【经验分享】

稼轩的失意

上学期，我给学生讲辛弃疾的《破阵子·为陈同甫赋壮词以寄之》，不知道我讲的辛词能不能让孩子们也喜欢上辛弃疾，回忆当时，课堂的氛围很不错，相信孩子们不会忘记这节课！

上课铃声一停，我带着孩子们一起回到动荡不安的南宋，找一位词人，他叫辛弃疾。

师：同学们看看这个题目，辛弃疾给谁写的词？

生齐：陈同甫。

师：对，同甫是他的字，他叫陈亮。那为什么是"壮词"呢？

生：和他壮志未酬有关。

师：这首词像极了一部电影：我们看到一个镜头，某位风度翩翩的男子喝醉了，大晚上睡不着拿着一把剑，想想他在干吗？（充分发挥学生的想象，寥寥数字能在学生的脑海里形成完整的图像，有助于帮助学生理解）

生：噢，拿布块擦剑，想着什么事不开心吧。

师：还真是不开心，他在想什么呢？这时候就像是随着这把剑的特写镜头慢慢转向另一个的画面，到了一个俯视的广角镜头，你们看到了什么画面？

生：梦回吹角连营。八百里分麾下炙，五十弦翻塞外声。看到军营，还有塞外的音乐。“八百里”是什么意思？

师：“八百里”可有意思了，有本书叫《世说新语》，上面记载了一个故事，东晋时期，有个贵族叫王恺。

学生兴奋地叫起来：王锴?!

此时坐在第一排正津津有味看着课外书的王锴突然间蒙了，全班同学突然叫“我”干吗，一脸问今是何世的表情，不得不说，当学生的名字和历史人物名字重合时，最能令学生快速记住。

师：对，不过可惜啊！是竖心旁的恺。他家养了一头牛，叫“八百里驳”。据说啊，这头牛还真是牛，日行八百里，跑得很快，所以主人特别喜欢，这个“驳”呢就是这头牛身上黑白相间的斑纹。

学生诧异道：一里500米呢，一天800里，怎么可能？

生：那我也给我家狗狗起个名叫“五里”，常常“无理取闹”！

同学们大笑，课堂气氛很好，借诗词给自己的宠物起名字，不也是一种诗意生活吗？

师：这世间无奇不有，说不定真有呢？就算没有，也不影响咱们解读这首词啊，军营里的士兵分吃牛肉，然后干什么？

生：沙场秋点兵，要打仗了。

师：对，同学们知道为什么是“秋天”吗？

生：秋天萧瑟，很适合打仗，电影里但凡打仗的画面基本上都能看到一片片枯黄的野草。

师：果然，平时电影没少看，还有吗？

生：秋天是丰收的季节，有了粮食才能打仗。

师：一语中的，非常好！正所谓“兵马未行，粮草先动”，秋后点兵是惯例了。来，咱们继续看辛弃疾导演的这首词，还写了什么？

生：马作的卢飞快，弓如霹雳弦惊。噢，我知道的卢马，那是刘备的坐骑，一次刘表派人追杀他，来到檀溪，以为死路一条，没想到卢马一跃三丈，硬从水里蹦上来，刘备死里逃生。

师：没错！那同学们想想一支军队里要是都有像的卢马这样的马匹，士兵们都拥有一拉就能发出霹雳般巨响的弓箭，这样的军队去打仗会是什么样的结果？

生：必胜啦！

师：对。不过请大家从梦里醒醒，也从辛弃疾的“梦里”醒醒，人家依旧在那微弱的烛灯下黯然地擦着他那把剑呢！可怜吗？

生：可怜白发生，也未能实现自己的梦想，上战场“了却君王天下事”竟然只是他的“梦”，可那是为什么呢？

师：这个问题问得好！这背后的故事令人鼻酸，同学们自己回去查阅资料，看看咱们这位辛弃疾“导演”背后到底经历了什么？为什么最后落了个“可怜白发生”的结局？我们中国古典诗词源远流长，我想请同学们一起穿越时光，通过诗词，和古人对话。读万首诗，行万里路，一起寻找辛弃疾的足迹，感受诗人的喜、怒、哀、乐、怨。让诗人的文字照亮我们的未来，让我们的人生画卷拥有更多色彩。

学生的兴致一下子就上来了，恨不得马上回家查阅资料。

【深度思考】

一代代诗人匠心独运，方成就了中华诗词的震古烁今。中华诗词需要我们一代代炎黄子孙传承下去。作为一位老师，我真诚地希望自己的学生能从诗词中汲取力量，感受古典诗词的魅力，长大后更好地传承中华文化！

我们该怎样去做教师

曾　倩

【主要观点】

教师是教育工作的中坚力量。有高质量的教师，才会有高质量的教育。做好教师，就要执着于教书育人，有热爱教育的定力、淡泊名利的坚守，就要有理想信念、有道德情操、有扎实学识、有仁爱之心。要把师德师风建设摆在首要位置，广大教师要继承发扬老一辈教育工作者“捧着一颗心来，不带半根草去”的精神，以赤诚之心、奉献之心、仁爱之心投身教育事业。

【经验分享】

如果我们常怀慈悲心，或许能教育出更多健全的人。

我一向以为，人应当有远大的梦想，不应为身边琐屑的事烦扰。我们很少把学生放在心里，更多的时候是把成绩放在心里，是把教学成绩放在心里。后来，我明白，眼里仅有“成绩”二字的教师，永远无法走进学生的心里。这样的教师，无论他的教学成绩多么突出，他也永远不是一位优秀的教师。

仅有爱才能教育出优秀的学生

经常有教师说，就算你不喜欢教育，也要对学生负责，对得起教师这个称号，对得起这个职务。甚至还有人跟我们谈教师的待遇不错，是一个值得投身的行业。我想，如果一个人只是想获得不错的收入，稳定的生活而做教师，我为学生遇到这样一位教师而感到遗憾。

教师这个工作，是无法用工资来衡量的，对于一位用心教育的教师来说，这点工资是远远无法和教师付出的心血画上等号的。

我们投身教育，不是为了工资。我们去爱每一位学生，不仅仅是为了让他的成绩提高。我们投身教育，我们去爱每一位学生，是因为我们有一颗慈悲心，我们关心每一个鲜活的个体，我们期望每一位年轻人都有完美的前程。我们不希望他们将来过得不欢乐，我们期望他们欢乐地成长，欢乐地过完这一生。

我读了很多的教育类书籍，慢慢发现，每一位教育大师，都爱他的学生们。他们的爱是无私的，他们的爱，是为学生的终身发展。他们的爱有时候暂时得不到回报，可是他们的爱在学生以后的人生中，改变了学生的人生轨迹。

作为教师，看到的不应只是学生的成绩，我们看到的应当是一个个活泼鲜活的人。我们要为他们创造良好的成长环境。我们应当供给条件，帮助他们成长为全面发展的学生，让他们找到最适合自我发展的方向。

不是因为纪律好而优秀，而是因为优秀而纪律好

一个优秀的班集体，不是靠条条框框的律令而变得优秀的，一个班级之所以优秀，是因为学生们都珍惜拥有这样一个班级，是因为他们爱这个班级。学生爱这个班级，首先班主任得爱每一个学生，首先班主任得尊重学生，把人当作人，而不是把他们当作学习的机器。人有他固有的弱点，譬如连续学习三节课会有疲惫感，偶尔趴在桌子上，懒散一下，这太正常了，我们没必要为此给学生上纲上线。

我们应当让学生觉得，我们是学生的朋友，我们是跟他们站在同一阵营的，我们是他们遇到困难的时候，值得信任的朋友，我们是他们遇到困难时强大的后盾。

经常性的批评和惩罚只会导致学生与教师的距离越来越远。即使不得不批评和惩罚的时候，也应当让学生真心诚意地理解批评和惩罚。所以，批评和惩罚，应当是学生自愿的，而不是被迫的。

为了建立师生平等关系，也为了自我监督，我让学生对我提出要求。学生们给我制定了如下的守则：

（1）不拖堂；

（2）不当众批评同学，有问题私下聊；

（3）不变相体罚，如：罚抄书、罚跑步，检讨书不超过 100 字；

（4）不偏心，人人平等，如：重女轻男、重男轻女、重优轻差，如有发现，同学警告三次；

（5）善待学生；

（6）尊重学生的意愿，乐于听取学生的提议，不轻易见家长；

（7）主动帮忙同学。

他们说完对我的要求之后，我说我保证不违反纪律，违反时任由你们处置。然后我问他们，他们应当遵守哪些纪律。他们也就十分兴奋地给自己制定了纪律，并想好了惩罚方法。

我想，我应当鼓励学生的这种主人翁精神，应当更加尊重学生。我想，我以后都不要用简单粗暴的语言，或是行为去对待每一位学生。如果能对学生的人生发展有利，我愿意用最曲折，最委婉，可是最适合的方式去引导他们，因为他们是一个个鲜活可爱的孩子。

【深度思考】

教育是什么？教育就是给他时间“胡思乱想”。教育就是用心发现心，倾听孩子的声音，让孩子成为主角。教育应该是老师用自己一生的教育经验苦苦解答的终极命题。教师和学生，无论如何不应该对立起来。教师和学生是朋友。在知识和经验上，彼此虽有深浅广狭的差别，在精神上却是亲密体贴的朋友。

初为人师

刘俊鹏

【主要观点】

永远用欣赏的眼光看待学生，就会从教育中得到无限快乐；永远用负责的目光审视自己，就会在教育中获得不断成长。

【经验分享】

从去年至今，我在讲台上也磕磕绊绊地走过了一学期的光景。这一学期的时间虽然短暂，但收获颇丰。在这一学期里，我收获了领导的关心，同事的帮助，但更多的还是自己的成长。回顾自己走过的教学之路，欢乐与辛酸同行，收获与遗憾同在。

敬畏课堂

韩愈有言曰："师者，所以传道授业解惑也。"教师肩负着教书育人的神圣使命，课堂就是每一位教师的岗位，对待课堂应始终保持敬畏，认真地对待每一节课。课前、课上、课后都要充分准备。

课前了解班级基本学情、查阅资料、精心备课；上课时用饱满的情绪和良好的精神来感染学生，根据课堂氛围和实际情况对课堂进行把握和调整；课后不断反思，反思课堂效果、反思课堂策略、反思课堂亮点。

教师这份职业的特殊性意味着我们的工作不仅是在课上，更多的是在课下，所以作为一名教师要有奉献精神，不计较个人得失，要经得住诱惑，耐得住寂寞，受得住清贫，不愧对人民教师这一神圣岗位。

虚心学习

德国诗人海涅说过："反省是一面镜子，它能将我们的错误清清楚楚地照出来，使我们有改正的机会。"想要让自己在教学方面有一定的进步，不断地学习和反思是必不可少的。

多看相关的专业书，多去听经验丰富的老教师上课。在听课的过程中不断地学习，学习他们从课堂导入到课堂发问等多个方面不同的处理方式，并且结合自身实际和班级学情进行反思，在日后的教学工作中进行改正。

多邀请有经验的教师听自己的课。初入讲台，有些细节处的问题是我自己无法发现的，但是在有经验的老师眼里就会非常明显。所以在老师们听课评课的过程中，规避自己在教学方面可能存在的问题，在课后将自己的一些疑惑整理之后与师傅们交流讨论，促进自己在专业知识和教学能力上的成长。

对于刚从学校进入社会的我来说，教学和社会处事的经验基本为零，不免有些茫然失措。但是当我来到学校之后，其他老师就给予了我很多建议和帮助，在教学上帮助我成长，也在为人处世上教给我很多方法，让我知道如何跟领导沟通，如何和同事相处。学校也为青年教师的发展提供了一个快速成长的平台，师傅们的不吝赐教，及时为我答疑解惑，和我分享教学感悟，给我建议，尊重我的教学想法、教学方法，支持我指导我成长，也帮助我少走了很多弯路。

学会共情

所谓共情就是将心比心，从学生的角度思考问题。

学生是学习的主体，没有学生的参与，教学工作便无法有效进行。在日常的教学工作中，教师应当把孩子们当作一个独立的个体来对待。尊重孩子，尊重每一个鲜活的生命，尊重孩子的个体差异性，尊重孩子的发展规律，尊重孩子的情感需要。教育并不只是教书，还在于育人。尊重学生的主观能动性和学生建立起平等和谐的关系，搭建有效沟通的桥梁，走进他们的心灵世界。在和学生不断地沟通融入中，了解学生们的喜好，知道并了解学生间流行的事物，学生们也愿意和老师分享她们自己的兴趣爱好。给予学生爱和信任，加强与学生的沟通，形成和谐融洽的师生情感，学生才能"亲其师，信其道"，进而"乐其道，学其道"。教师应将孩子们的需求放在第一位，时刻关注他们，学会从学生的角度思考问题、解决问题。

耶鲁大学校长理查德莱文曾说："真正的教育是自由的精神、公民的责任、远大的志向，是批判性的独立思考、时时刻刻的自我觉知、终身学习的基础、获得幸福的能力。"对于教育者来说，教育到底意味着什么，是一个需要通过付出大量时间去思考去实践的问题，希望我们大家都能够在今后的教学生涯中有所收获。

相信自己

当老师必定要接触各种各样的人，包括领导、同事、家长、学生等，接触的人一多，就容易生口舌是非，或者走进别人的迷魂阵里。不能因为一点困难比如班级纪律差、课堂效果不好、成绩上不去就各种否定自己，新教师没有一上来就能成事的，都是要慢慢成长、慢慢进步。只有克服了现在的困难，我们才会变得更优秀。

当然，作为新教师，大家重视的就是我们的工作效率。一般新入职的教师不会被委以重任，最多是见面课或者推门课，听听教学，看看管班的方式。事虽不算大，但有些人坐一天磨不出来一节课，有些人一上午却可以把自己的思路清晰地整理出来，这就是效率问题。一线教师杂七杂八的事情很多，因此新教师工作一定要有计划、有步骤，杂而不乱，忙而有序，这就更需要我们提高效率。

工作一学期来，我深深地感受到教育之路任重而道远。学海无涯，学无止境，新教师需不断学习，不断反思，不断提升，相信自己，不管遇到什么困难，都要迎难而上，使自己尽快成长为一名合格的人民教师！

【深度思考】

教育最本初的功能，是传承文明，启迪智慧，孕育思想，创造价值。新时代的教师更要肩负起教书育人的重任，时刻对教学充满激情与追求，反思与提升也会见证着我们的成长，三尺讲台，一生的舞台，我们要不忘初心，坚定理想，砥砺前行，争做时代的最强音。

翱翔蓝天

黄丽容

【主要观点】

循着成长的轨迹，回首刚参加工作的那段日子，我朴素地执着于我的工作，我认为只有努力了才能无愧于心，才能找到存在的理由。不知不觉参加工作将近九年，而所有的事情还历历在目。一个学期比一个学期更有挑战性，在这过程中我既在挑战，也在享受；既是传授者，也是学习者；既是老师，也是学生。

【经验分享】

轻轻地而又匆匆地我的教学生涯走过了九个年头。在这九年中，有太多的忙碌、留恋与不舍，时间不禁悄悄地溜走。回望这九年，我就像初飞的小鸟，一直在努力地展开翅膀，翱翔那片蓝天。

至今记得叶校长把我们领进校门的那一刻，记得第一次教师全体大会时他精彩的讲话，带领我们去海南培训的场景，这一切都还历历在目，感觉像昨天发生的一样，但这不是全部。

第一次踏进学校，那时学校还没有真正完工，但一个现代化的学校已经成型，我们将在这样的一座现代化学校里成长！叶校长精彩激昂的讲话，让我再一次真正地了解了教育的重要性，明白了自己身上肩负的重任，让我摆正了自己的位置。我们应当满怀教育的情怀，投身其中！

新的学校，新的开始。一所学校的成长过程是艰辛的，但同时也是快乐的。为了一个开学典礼的晚会，我们每天工作完了还会留下来排练节目，一起加班到很晚才下班。那段时间虽然很辛苦，但是学到很多，同时也感受到工作的快乐、同事间的温暖！

为了不辜负领导和家长们的无限信任，为了自己心中的教育梦想，我一直奋斗着，虽然过程中有很多的挫折与困难。但在领导和家长的支持和鼓励下，每学年我都出色地完成了教育教学任务。

数学对于小学生来说是一门重要且枯燥的学科，在学习数学的过程中，由于学生的水平参差不齐，从而导致教学工作比较难展开。为此，我以兴趣是最好的老师为出发点，不断激发学生的数学学习兴趣，关注学困生的转化。在教学过程中，我会采取适合儿童心理特点的教学方法，让学生在枯燥乏味的数学学科中找到学习的乐趣。同时，我更加注重形成性评价，在平时教学中，只要学生进步一点点，我都会及时给予肯定，增强他们的自信心。

纪律是一个优秀班集体的基础，而良好的学习习惯是学好数学的前提。在教学中，我注重学生学习习惯的培养以及课堂纪律的管理，严格要求学生的书写习惯、作业完成习惯等，严格要求学生的课堂纪律。同时，我大力实行奖励制度，使得我们班的课堂纪律以及成绩慢慢地走上了轨道，这为好的学习气氛打下了一个良好的基础。

虽然我是个严厉型教师，但我与学生的关系很融洽也很和谐。在课堂上，我们是师生；在生活中，我们是朋友。在我的办公桌上珍藏着孩子们的小秘密，心与心的交流拉近了师生的距离，对我的教学有很大的促进作用。特别是在我怀孕那一学期，因为身体原因，不能跟着学生上六年级，许多学生为此伤心难过，通过写信表达他们的所思所想。这些信一直是我的宝贝，当我工作累了乏了倦了，就会拿出来看一看，找到动力，整装再出发。

九年的教学生涯，我担任很长时间的副班主任。在担任副班主任期间，大力支持并协助班主任工作，对班级的管理工作献计献策，哪个学生有异常情况我都会及时与班主任交流。沟通的过程，也是我学习的过程，我虚心向有经验的教师学习，从他们的身上我看到了自己的不足，可以说在周围同事的身上我学到了许多，不仅仅学到教学经验，也增加了生活阅历。

九年中我最大感触是：师生彼此时刻都在进步，时刻都有收获。当然，在教与学的过程中，酸、甜、苦、辣在所难免，但我是快乐的。最近，毕业了的学生回母校来找我聊天，我顿时觉得这就是师生情，这就是当教师的意义，也是让我一直在教师岗位坚持下去的动力。

学校领导一直跟我们说：“老师如果能坚持每天写一篇反思，坚持写三年，那么你将会成为一名优秀的人民教师。”每次考试后，甚至每节课后，在时间允许的情况下我都会及时反思总结，分析学生，反思自己，还时常找个别的学生谈心，与学困生一起研究学习策略。在具体的教学中，本着因人而异的原则，我尝试着各种教学方法，收效都很明显。但不足之处还是存在的，如对一些学困生的关注度还是不够，对尖子生的关注还远远不够，在以后的工作中我要尽量细化这些不足。

无论工作多么繁忙，我始终没有间断为自己充电，经常利用休息时间看书查资料，钻研教材，加强理论知识学习，通过会议不断学习和领悟领导的教育思想，在平时多听课，吸取同事课堂的优秀部分，在自己课堂中多总结，好的要继续发扬，不好的及时改正。通过领悟和实践教学理论，让自己的教育教学技能得到提高，努力做一位优秀的教师、一位创新型教师、一位更让领导信赖的教师和一位更受学生家长爱戴的教师！

怀着一颗感恩的心，我决定继续风雨兼程，持之以恒。在以后的工作中我将继续紧随前辈们的脚步，与附小共成长。我相信：只要努力了，付出了，就一定能翱翔蓝天！

【深度思考】

我作为教育一线的人民教师，深知自己身上肩负的责任。时刻牢记习总书记对教师提出的“要有理想信念、要有道德情操、要有扎实学识、要有仁爱之心”这四条标准，站好每一班岗。做学生锤炼品格的引路人，做学生学习知识的引路人，做学生创新思维的引路人，做学生奉献祖国的引路人。

仁爱之心，是幸福之本，是好教师的成就之根。

仁者爱人。因爱人，而互爱，教育从而拥有了生命的温度。

无为而治：我的班级管理小窍门

黄淑清

【主要观点】

班主任是集体的组织者、教育者和指导者。班主任在学生的成长中起着导师的作用。班主任思想的时代性、深度性、广度性、管理的先进性都将对学生的身心发展产生影响。为此，要成为一名好的班主任，必须努力提高自己的政治素质、文化科学素养、业务水平和道德素质，做到以坚定的立场鼓舞人，以渊博的知识教育人，以良好的情感感化人，以高尚的道德激励人。

【经验分享】

管理好一个班级则需要班主任做大量深入细致的工作，而且还要不断学习别人的先进经验。一个良好的班集体对每一个学生的健康发展起着巨大的作用。古人云："亲其师，信其道。"教师的爱一旦被孩子理解和接受，他们同样对老师充满爱，同学们之间的关系自然平等和谐，就会心甘情愿地接受老师的教育。

教育故事

班里有个能说会道而且十分可爱的学生叫小葛，上课时注意力总是不能集中，做作业也是磨蹭磨蹭，不肯动脑筋，有时要么干脆不做，为此他父母感到很焦虑。我几次找过他进行谈话教育，都是口头上答应得好好的，可就是坚决不改，依然我行我素。对此我也很苦恼。

后来，我发现他其实是个乐于助人的孩子，于是我宣布由他担任我们班劳动委员和语文小组长。同学们对我这个决定都惊叹不已，他更是完全愣住了。

课后，我找他来办公室谈话，和他说了我的良苦用心后，他认识到了自己的错误，决定做个以身作则的班干部。之后他的每次点滴进步我都会及时表扬他。使他处处感到老师在关心他。后来，他在各方面都有了明显的进步，也得到了同学们的认可。上课过程中常常能看到他高高举起的小手，看到专注认真听讲的神情。为此，我感到由衷的高兴。

在这个同学的身上，我更加深刻地认识到，班主任对于一个班级的学生来说是多么的重要。多年的班级管理工作经历告诉我，在班级管理工作中坚持“以学生为本”是多么的重要。为此，我在班级管理中，努力做到“以人为本”，取得了较好的成效。

一、放手让学生自主管理

身为班主任，这几年我最大的体会就是，班级里的事情，不要想着他们还小，什么事情都班主任自己包办。授人以鱼不如授人以渔。我总是想尽办法让学生参与到班级事情中，不能凡事亲力亲为，要多安排各种事情让学生参与其中，增加他们的存在感与集体意识感。同时也可以让他们知道当班干部可以使自己从多方位受到训练，增加自身的知识，提升自己的能力，为将来自己在社会中应对强大的竞争打好基础。如班级各种回执的收集、纪律管理、卫生管理、讲台管理、消毒管理、通风管理、口罩佩戴督查等。

放手让班干部自主管理，还需要加强对班干部的指导。班干部是教师的左右手，在班集体里具有关键的领导作用。但在另一方面却与其他学生是相同的，性格上也是平等的。因此，班干部在管理班级时，不能以班干部头衔来误导同学，更不能居高临下地下命令，而是应该采用正确的方式处理。有的班干部并不能很快掌握正确的班级管理方式，因而需要班主任教导一些管理方法，让他们能够胜任自己的本职工作。如教会学生表扬批评法，在早读、午读或课前准备时，班干部可以像老师一样管理班级纪律，也比如放学站路队时教学生如何整队等。

二、允许学生犯错误

作为班主任，要学会用发展的眼光去看待每位学生，人无完人，应该允许学生犯错误。

当学生犯错误时，如果是小错误，需要根据学生不同性格特点，有针对性地处理，而且要注意放宽原则，理解他们犯错误的动机，给他们改正的机会。如果是大错误，就得及时和家长取得联系，和家长一起了解事情的具体情况，按实事求是的方法处理，但要注意力度，做好家校共育。

现在的学生大多都有很强的独立意识，但很容易情绪化，这时如果老师苛求，不够宽容，或者不站他们的立场思考，那么我们不经意的一句话或一个动作很有可能都会给学生带来莫大的伤害或心理阴影。

学生也是活生生的人，他们都有自己独立的想法和理念，班主任需要做的是引导他们往正确的、积极向上的方向成长。当学生发生问题时，如果我们换位思考后再处理，一定更能让学生信服。当学生因为犯错而心情沮丧时，老师可以通过拍拍他的肩膀或者给予一个拥抱等无声的肢体语言，在无形中给予力量，这可能要比批评的话语更能催人改正，激人奋进。通过这样的方式，学生们更能做到主动承认错误，积极改正错误，努力做到下次不再犯类似错误。

三、把握好严与爱的边界

班主任在管理中，要始终把握好严与爱的边界。我认为，付出爱心与严格要求两者不可偏废。爱心是伟大的，但是绝对不是万能的。这就需要我们班主任用心对待学生，严爱结合，刚柔相济。如果仅有爱心，没有严格要求也是不行的。

现在的孩子大都是独生子女，他们是不缺少爱的，甚至有个别孩子的家长比较溺爱，以至于获得爱时，他们觉得这是理所当然的。所以，很多时候，我们的教育离不开严格要求。我们班的同学都评价我是一位严格的老师，但我并不认为这是不好的评价，甚至有个别孩子要求我对他们更加严格些。我想这与我们的感情联系有很大关系吧。

四、走进学生的内心

理解是教育的前提，尊重是教育成功的基础。从教几年来，我发现：当一个孩子被你认同、尊重后，大多都会有不同程度的进步。所以，班主任如果想要顺利有效地开展班级管理工作，首先要走进学生的内心，多与他们进行沟通交流，与他们打成一片，了解学生们内心的真实想法，成为他们的良师益友。唯有让他们感受到老师是真的为自己好的，和自己是统一战线的，才更能挖掘出他们的潜力，激发他们学习的动力。千万不能让他们感到班主任高高在上不可靠近，要消除他们对班主任的害怕心理。这样，他们才会向你讲真话、诉真情，遇到问题时才会及时地向你汇报。

教师善于倾听学生心声。有时学生犯错了，不要一来就直接批评或下结论，应就事论事，给学生陈述事情的机会，聆听他们的内心想法，让他们觉得被尊重，这样比直接批评教育更让学生印象深刻。不能因为学生的一个错误行为就因此而否定他的全部。学生改正错误后，应加以鼓励。而当学生表现好时，应及时提出表扬。班主任应该是严厉而又充满爱心的。

教师还要维护学生的自尊心，尽量避免在课堂上或在其他学生面前批评犯错误的学生，更忌讳直接对峙，要保证课堂的完整性。

【深度思考】

学生是一个个活生生的人，在班级管理工作中，我们如果能始终坚持以人为本的原则，放手让学生自主管理，允许学生犯错误，把握好严与爱的边界，走进学生的内心，一定会赢得学生的喜爱，班纪班风一定会风清气正，更能创造美好教育！

新手班主任杂记

刘慧君

【主要观点】

每一次和学生的相遇，都是美好旅程的开启，是华师附小美好校园生活的小小组成部分，这些美好校园的点滴，是我校办学理念最好的写照。作为新手班主任，我在实践中摸索总结，明白了纪律对于管理一个班级的重要性；也曾惊讶于“小红花”的魔力，明白教师的口头表扬也可以给予学生不一样的力量；也将自己的班集体融入华师附小的“美好教育”理念体系中，在全员育人、全过程育人中开启“美好教育”新篇章。

【经验分享】

世界上最小的“主任”，最劳心劳累的“主任”，估计非班主任莫属了。班主任的工作既繁琐又复杂，特别是低年级的班主任，吃、喝、拉、撒、睡，事无巨细，样样要管。在得知自己要做班主任并且还是带一年级的那一瞬间，我是崩溃的。虽然做了很多年老师，但我从来没有做过班主任的工作。

在迷茫中启航

新接手一个班级，还是一年级的班级，需要在千头万绪中建立班级规则，在诸多小细节中渗透德育教育，在处理每一件小事中了解孩子的性格特征，针对不同的孩子给予不同的教育。

第一天第一节课，我站在门口，板着脸，迎接每一位孩子，然后严肃地立了几条规矩：听到铃声马上进教室，要说话先举手，上课去卫生间要举手示意，上课需要等老师说喝水才能喝等。但几天后，问题逐渐暴露。第一个问题：有的孩子不会排队。

我请教体育老师和带过一年级的班主任，他们都说孩子一开始是很乱。德育主任给我的建议是：快、静、齐，要告诉他们怎么做到快静齐。接下来，每次排队，我都让他们自己说出快、静、齐三个字，其中一点没有做好就全班回教室重新来一遍。这样反复多次后他们就记住了怎么排队。

接下来的第二个问题：上课纪律很差。因为我在班上除了课后服务，没有一节正课，所以开学第二周我就询问了很多科任老师，他们都反映我们班上课纪律非常不好。我深知一年级刚开学行为习惯才是重点，课可以慢慢来。

经过几天的探索与反思，我知道，一味地强压是可以达到一时良好的效果，可以坚持一节课甚至一天，但坚持不了一个月、一学期。为此，我按照我校教育七项原则中的“随时发现原则”“批评与表扬原则”来尝试。“随时发现原则”指不单单要随时发现学生不好的行为习惯，还需要发现学生的闪光点，在班集体中进行表扬，而且表扬学生的时候，要表扬具体的事情，学生上课坐好，举手发言，要进行口头表扬，不是表扬某个同学，而是表扬某个同学的具体行为；表扬同学的举手发言，表扬同学的排队整齐。在日复一日中，在批评与表扬中，终于渐渐形成了良好的班风，同学们也形成了良好的学习习惯。

神奇的小红花

苏霍姆林斯基说过，要将整个身心献给孩子。我虽然没有教育大师那么崇高的境界，但我接手班级之后，也渐渐地发现了孩子们许多可爱的地方，渐渐地喜欢在和孩子们斗智斗勇中表达的自己对于孩子们的关爱，在处理日常琐事中建立自己的威严。

最初我的教育事无巨细。如果统统要我手把手教，我认为这样下去不行，我希望的是做到我的人不在但我制定的规矩在。根据七项教育原则中的“共荣共生原则”“集体教育原则”，我制定了一个表格，类似学校值日的表格，谁表现不好，小组扣分；谁表现好，小组加分；一周积分最高的组有流动星星。我想用这种方式让他们体验一下，个人对小组的影响就像个人对班级的影响一样，以增强他们集体荣誉感。即使我不在，班干部会帮我记录下来，我再在表格上加分扣分。我还跟孩子们强调，小红花、星星这些都是表现好才会被奖励的，你拥有一颗小红花或者星星就代表你那件事情做得很棒，它们本身就代表着荣誉。我希望让孩子们知道，我们不是为了物质去做好那件事，而是为做好这件事本身而努力。

我从未想过，一朵小小的红花，竟然有如此的功能，孩子们积极主动完成卫生，当小组有人要犯错时，小组集体会提醒他，有了自我约束和成员之间的相互约束，班级管理起来顺畅了许多。

我们班还有一个一直存在的问题，就是读书没有精神，做事拖拉。为了改变这些毛病，我每天评选晨读之星，并公布在黑板上，下课后奖励小红花。此后，大家读书也比较积极了。

无心插柳柳成荫

我校是广东省绿色学校，为推进校园绿色文化、环境建设同步发展，学校去年 9 月—12 月期间开展“筑梦新学期　播种新希望”的植物栽培观察活动。活动初期，对于我这个新手班主任来说，我并不知道这个活动有什么特别的意义，觉得对于孩子的教学成绩和行为习惯的养成并没有多大的意义，便让孩子们按照学校要求，拿回去种植观察，只觉得热热闹闹，孩子们挺开心的。

随着时间流逝，11、12 月份的时候，班上许多孩子陆陆续续来和我分享种子发芽的乐趣，分享他们悉心照料下，种子慢慢发芽的心路历程。那个时候，他们眼中有光，他们看到了一颗颗小小的种子，冲破土壤，那个兴奋劲，那个生命感，就是最好的生命教育了。听他们娓娓道来，讲述如何和爸爸妈妈共同“哺育”这颗小小的生命时，我就知道，这是最好的亲子教育，也是最好的劳动技术教育。

对孩子进行教育，从来都不是班主任一个人的事情，需要学校其他学科教师、家长形成教育合力，管理班级才能事半功倍。一个学期的班主任经历，作为一位新班主任，我感悟良多：作为班主任，管理的班级是一个小集体，需要将小集体融入学校这个大集体中，积极参与学校组织的各项活动；作为班主任，需要了解每个孩子的性格特点，了解每个孩子成长的家庭环境，不同的孩子要运用不同的教育方法；作为班主任，需要获得副班主任、科任老师的鼎力支持，所制订的管理规则，需要班级所有老师和孩子一同遵循，才能起到良好的教育效果。

【深度思考】

班主任是一个班级的组织者、领导者和教育者，新时代及新课标对于班主任都提出了更多、更高的要求。根据核心素养理念，孩子的知识和行为均不是机械性习得的，而是在活动中自我构建的，学生的德育教育需要和学校的“美好教育”课程体系结合，在学科教育、学校活动中渗透德育教育，描绘华师附小“美好教育”的新蓝图。

新美育时代背景下美术教师学科育人的实践策略①

周小娴

【主要观点】

如何实现公平而有质量的教育，是当下摆在我们面前的紧迫课题。在这样的时代背景下，作为教师，我们应该回归立德树人的根本初心，加强本身的学科素养和教育素养能力的提升，在教育中以学科素养培养为主，实现立德树人、崇德向善、以美育人的教育目标。

【经验分享】

因材施教，以心育人

独到的见解作为一种创造性思维，它具有首创性和独创性两个特点。教师创造性地教学便源于其中。在课堂中，学生尝试大胆表达自己的独特看法是进入深度学习、进行深度思考的特点之一。在美术课上，特别容易出现学生只想照搬老师范例，或者抄袭他人创意的“偷懒”行为。当这种学习习惯变得习以为常时，学生学习态度与热情都会持续下降，严重影响学生的学习积极性，当没有“抄袭”对象时，学生便会在课堂上“停滞”不前，逐渐失去探索学习的动力。

在处理这一类问题时，我的解决方法是这样的：采用综合素质评价方式，从学生的思维习惯里找突破点，让学习的结果不仅仅局限在简单的作业结果上，从多种角度发现学生的闪光点。在教学上，遇到学习层次不同的学生是

---

① 此文曾获2022年惠州市教育教学论文三等奖。

常态，如何因材施教，给学生正确的指引方向是解决问题的关键。

有一次，我教的四年级一位男同学在美术课上画了一幅一只粉色小熊漫步在糖果世界施法下起了糖果雨的故事，这时班上很多男同学都露出了比较诧异的表情，毕竟这个场景在他们的想法里应该是女生才会喜欢的东西。这位学生平时也比较内向、害羞，还有点自卑，这样的局面让他更加局促。这时我拿起了他的画，用投影展示到大讲台，肯定了他作品的创意，并对全班的同学说，我感受到了他作品中的美好，很喜欢他创造的魔法世界。并跟班上同学说，喜欢可爱的事物并不是女生的专利，就像女生也可以喜欢汽车机甲一样，每个人都有选择自己喜欢的事物的权利，不要因为别人跟自己的选择不一样就去嘲笑别人，反而应该带着欣赏的态度去了解那位敢于表达自己真实想法，肯定那位愿意做与众不同真实自己的同学，学习他的勇气。这样的教学策略既认可肯定了这位学生的创意，让他树立信心继续在今后课堂努力，也让他获得了学习的成就感，得到学习满足感，还让他的行为成为其他学生的学习榜样，将原本尴尬的学习氛围变为一举三得的活跃课堂，这便是因材施教发挥教学机制的优势所在。

“学困生”我们每位教师都会遇到。虽然大部分的学生在学习过程中均有可能在产生学习困难的情况，但“学困生”的难题要更难解决得多。这类学生普遍表现为：学习兴趣度极低，有着一些不好的生活或者学习习惯，存在一定的人际交往困难，内心较为敏感。面对这一类学生，最关键的是要保持耐心；其次是要懂得寻找合适的教育时机；最后，对于他们的学习要求不能过高，更重要的是仔细观察，了解形成这样问题的诱因，逐渐打开学生心门，给学生提供切实可行的解决方法，才能更好地帮助他们。

我之前教的班级里有一位小 A 同学，他总是无法在课堂上专心学习，经常有小动作，而且脾气暴躁，经常容易与身边的同学起冲突，每次的学习任务基本不参与，甚至一个月都交不了一次作业。针对这个学生，我一是保持耐心，正确认识他的优缺点，因为严厉批评对于他来讲效果反而是不好的；二是经常性地进行阶段性行为诊断以及谈话心理疏导，先从一些基础学习目标开始，对学生提出梯度学习任务完成要求；三是从环境上改善学生不良习惯的诱因，比如尽量与班主任及学生家长进行沟通，商讨改善家庭紧张不安的情绪氛围，并且引导班上班干部进行帮扶，教学生一些人际交往技巧等。长此以往，把学生交给时间，让学生在点滴细节中慢慢积累自信心，有利于学生走出学习困境。

范德比尔特说：“一个充满自信的人，事业总是一帆风顺的，而没有自信的人，可能永远不会踏进事业的门槛。”自信心是成才的重要条件。要培养自信心，并不是一蹴而就的事情，信心的锤炼需要意志力，也需要坚韧品质做支撑。面对学困生，教师要做的最重要的任务，不是让他完成学习任务，而是让他重建信心，获得成就感。

学科融合，以情育人

新美育时代是一个融合的时代，只有在教育中做到以德育德、以智启智、以体强体、以美润美、以劳兴劳，将五育并举融合进教育中，我们才能真正做到培根铸魂，启智增慧。教师在备课时认真研习教材，深入浅出地讲课，让学生听起来简单明了，讲到点子上，让学生产生情感共鸣，才能让学生产生课堂学习的持续动力。

记得在制作“六一”儿童节贺卡教学中，我加入了一个环节的内容，了解国际儿童节的由来。当我读到儿童节的确立是为了悼念1942年利迪策惨案和全世界所有在战争中死难的儿童，反对虐杀和毒害儿童，以及保障儿童权利时，我从某些学生的眼睛中看到泪光，从学生的反馈情况中我感受到学生对灾难中逝去儿童生命的惋惜，也感受到儿童节这个节日的珍贵之处，在后面课上制作贺卡时，学生也愈加认真对待。

在讲授六年级美术“发现美丽”这一课时，书本中出现了一幅马王堆帛画，学生对此很感兴趣，但是对其了解却甚少。抓住这个契机，我结合网络视频资源，向学生讲述了长沙马王堆的发现以及精美帛画所描绘的精彩内容，让学生更深刻地了解到了中华传统文化之优秀，感悟到了古代人的审美思想。课后很多学生向我询问关于长沙马王堆的故事。

综上所述，老师说的一段话、一个情景渗透，都能久久萦绕于学生的脑海，那才是一堂让学生印象深刻的课。

言传身教，以身育人

有温度的教育，不仅拥有深度，还要有一定的广度。一位有丰富学识的老师，更容易受到学生的喜爱。我之前参加华中师范大学合作办学组织的教师培训中，曾听过一位语文老师的说课，仅仅是一节说课便让我感受到这位老师深厚的语文功底，也跟随行的老师感叹，能做这位老师的学生该何其幸运。这位老师在她的教学中无时无刻不散发着独特的学科素养魅力。从知识讲解到点评学生，四字成语，名言典故信手拈来。试问这样的老师有谁不喜爱呢？所以，我们不要吝啬于展示自己，当你对所教学科的喜爱渗透进生活实际，那么你的这份喜爱，也同样会影响学生对于该学科的学习态度。

对于第一次上美术课的班级或者进行开学第一节美术课时，我是这样做的：带上我所创作的美术作品，与学生分享我的创作经历以及创作时的心情，让学生产生老师你好厉害的观念，又或者把所教过的同年级学生优秀作品与学生分享，让学生改变固有的认为学习很枯燥的想法，形成学习也可以很有趣的想法，更有助于教师在今后课堂中塑造良好的教学环境。

为了让学生学会感恩教师对职业的奉献心其实也很重要。一次，我在上完一节美术公开课后，在下一节美术课上与学生进行了课堂小结与分享。我告诉学生，为了上好这节课我做了哪些准备，做了哪些工作，学生们在课堂的表现有哪些好的地方，又有哪些需要改进的地方。这样分享的目的有三个：一是让学生知道，老师为了上好一节课其实都是花费了大量的时间和精力的，没有什么很简单就可以完成的事情。二是让学生知道，虽然每天老师的工作有很多辛苦的地方，但是让他们能感受到课堂的快乐，享受学习，那这些辛苦就是值得的，老师愿意为了同学们的快乐而付出努力，从而让学生常怀感恩之心。三是让学生懂得认真对待一件事情的重要性，教学是相互的，如果只有教师一方面的努力，得不到学生们真诚的反馈，那老师也会沮丧，也会不开心，我们与学生的课堂是共同参与的，并不是老师个人的独角戏。

学科育人，是核心素养导向下新课程标准的新要求。教书育人，是新时代教师职业的神圣使命。作为一名新时代的美术教师，虽然面临各种困难和挑战，但是我们仍然要坚守初心，以课堂为阵地，以学科为抓手，为培育有理想、有本领、有担当的时代新人贡献智慧和力量。

【深度思考】

新的中国艺术教育是需要文化传承的，也是需要教师们去改革创新的，作为教育者，我们要让新一代读懂中国故事，了解中国优秀传统文化，也要让他们了解到中国故事对我们中国人有何种意义与影响。文化传承要像活水，在结合传统优秀文化的同时，也要结合当下，走进新时代，走中国式美育之路。

五位一体　润德育人

——构建新时代德育教育新样态的思路和实践

刘琦珊

【主要观点】

新时代背景下，社会发展、教育发展及学生个体发展都对德育教育赋予了更重要意义、提出了更高要求，也产生了一些困境和危机。基于问题根源和症结的剖析，本文讨论了提升教师能力、文化引悟、以劳筑梦、冶德自律及“互联网＋N”的五位一体措施，提出构建德育工作新体系的思路和实践。

【经验分享】

苏霍姆林斯基曾说：“教师是学生的教育者、生活的导师和道德的引路人。”传统应试教育把学生滞留在教科书本中，不利于其思想道德发展和核心素养的培养。新时代德育教育是实现育人和育才相统一的过程。小学生处于三观还未定型的时期，扣好人生的第一颗扣子对于学生思想品德、行为习惯的养成，乃至终身成长和发展都至关重要。德育工作者需树立“躬耕教坛、强国有我”的志向，巧用三尺讲台，高举“立德树人”旗帜，提升德育的最大效能。

一、德育工作的现实意义

（一）社会发展为德育带来了新理解

党的二十大报告强调“教育是国之大计、党之大计。培养什么人、怎样培养人、为谁培养人是教育的根本问题”。《关于深化教育体制机制改革的意见（2017）》也指出要健全立德树人机制、要构建以社会主义核心价值观为引领的大中小学一体化德育体系。德育工作者要坚持学习贯彻习近平新时代中国特色社会主义思想，紧紧抓住思想政治这一生命线，把理想道德信念贯穿教育全过程，用心、用情培养德才兼备的人才，以教育现代化支持中国式现代化。

（二）教育发展为德育赋予了新使命

《义务教育新课程标准（2022）》其中一项新立意是强化和凸显人的因素，推动基础教育课程由学科立场向教育立场（学生发展）转型，以核心素养（人的全面发展）为导向，以人的发展特别是思想道德的发展为宗旨，重构课程标准。教育部颁发的《基础教育课程改革纲要》同样突出德育的重要性，明确指出学校应紧密结合新课程，创新德育的新方法、新途径，强化德育的实效性，使学生成为有理想、有道德、有文化、有纪律的“时代新人”。

（三）学生发展对德育提出了新要求

班级中优等生、中等生、后进生各有特点，在德育工作者长期探索下，我们逐渐形成了基于学生特质的德育教育模式。苏联马卡连柯的平行教育原则和美国J. R. 哈里斯的群体社会化发展理论都表示：通过师德高尚的教育者、学风优良的班集体、向上向善的小群体来影响个人，达到个人与集体、群体的双向发展。这就要求教师在德育建设中关注每一位学生，善于发现学生美好、闪光的一面，让德育教育更少地出现次品（身体素质低下）、易碎品（心理脆弱）和危险品（道德品质不好）。

二、德育教育面临的困境和危机

（一）小学德育建设存在一定的局限性

传统德育课往往是通过案例引导学生思考讨论，侧重于说教，不利于学生发展独特性和创新性思维；偏向学科的智育发展，轻视思想品德课程，长此以往使学生疲于思考、对德育课堂产生“免疫”，德育教育得不到真正的渗透和提升。

（二）互联网信息对小学生的思想冲击

随着“互联网＋”技术的发展，快手、抖音等自媒体爆发式涌现在学生面前，但小学生明辨是非能力尚未成熟，面对纷繁复杂的互联网容易被误导。在面对毫无营养的短视频、只为博眼球的流量明星或是传播不正确价值观的信息时，学生很容易陷入道德困惑与困境。

（三）家庭、学校、社会的德育联系不够紧密

以往的德育实践往往只强调学校的重要性，忽视了家庭教育、社会影响的作用。宋代窦禹钧教子、司马光《训检示康》等以古示今：家长是孩子的第一任教师，家庭教育在对孩子的思想道德形成中有着举足轻重的地位。社会是一面放大镜，各类人群的道德动态和行为举止对学生建立世界观、人生观也起到极大影响。集家、校、社为一体的“德育网”，是学生正确价值观的指引，能帮助让每位学生回归德育本质，不做道德的“漏网之鱼”。

三、构建“五位一体”德育工作新体系

基于新发展格局、新发展理念，教师应当以问题导向，探索针对性措施，以“五位一体”为基础努力构建更强有力的德育工作新体系。

（一）厚植情感，提升教师德育渗透意识和能力

强国必先强师。为适应德育新发展理念，新时代的教师需转变观念，从爱国主义培养、法治道德建设、心理健康教育等全方位的新模式入手，促使学生从道德“认知”转化为道德行为“输出”，不断提高教师的工作使命感和育人水平。同时，日常教育教学蕴含着丰富的德育资源，宽至德育讲堂，细到教学知识点的导入及提问、作业批改等，通过教师日复一日坚持的良好品行传递的德育，远比反复说教更能渗透到学生内心。

（二）文化引悟，培养自我实现的追光者

上自国家社会，下至校园班级，处处皆是德育资源。《中小学德育工作指南》指出，引导学生了解中华优秀传统文化的历史渊源、发展脉络、精神内涵、增强文化自觉和文化自信。学校德育教育可从中华五千年历史中寻根，在“性本善”找准德育教育的方向，以儒家经典的“仁”“礼”滋养学生的思想道德，厚植历史、文化、爱国情感。如以“国学争章”“美德少年”“国学促我成长”记录袋等系列活动为载体，精心组织主题明确、内容充实的教育活动，并结合主题升旗仪式、主题班会等，以鲜明、正确的价值导向联结学生，促进学生形成良好的思想品德和行为习惯，让文化焕发德育魅力。

其次，校园文化环境具有无形的教育亲和力和影响力，要让学生置境于班级文化墙、德育之星荣誉墙、知识长廊等宣传主阵地，以情境浸润德行养

成，引导学生自我感悟，增强德育效果。

（三）以劳筑梦，培养自立自强的发光者

劳动是一切知识的源泉。以劳筑梦，让学生在自我实践中接受德育熏陶。秉着“全员、全程、全面”的原则，在真实、开放、亲身的感受中积累道德成长经验，可以有效解决德智分离、道德与生活分离的缺陷，更能健全学生人格。广泛开展有益于学生身心发展的实践活动，室内增设劳动实践教室、操场开辟劳动实践基地、课后推行劳动体验实践（见下表），不断增强学生的家庭、社会责任感、创新精神和实践能力。

“争做劳动能手”任务清单

<table>
<tr><td colspan="7">班级：　　　　姓名：　　　　　　　　年　月　日——　月　日</td></tr>
<tr><td>时间</td><td>周一</td><td>周二</td><td>周三</td><td>周四</td><td>周五</td><td>周末</td></tr>
<tr><td>劳动时间</td><td>清扫小达人</td><td>整理小能手</td><td>擦洗小达人</td><td>家电小能手</td><td>暖心小天使</td><td>美食小神厨</td></tr>
<tr><td>常规劳动内容</td><td>扫地、拖地
清理垃圾桶
清理厨房
清理卫生间</td><td>整理换季衣物
鞋柜分类
收纳衣柜
整理房间</td><td>洗刷马桶
擦洗电冰箱
擦洗运动鞋</td><td>用电水壶烧水
用洗衣机洗衣
用电饭锅煮饭
用微波炉热菜</td><td>蒸一碗鸡蛋
做水果拼盘
下一碗水饺</td><td>在家长指导下学习制作一道家常菜</td></tr>
<tr><td>拓展性劳动项目</td><td></td><td></td><td></td><td></td><td></td><td></td></tr>
<tr><td>自我评价</td><td>☆☆☆☆☆</td><td>☆☆☆☆☆</td><td>☆☆☆☆☆</td><td>☆☆☆☆☆</td><td>☆☆☆☆☆</td><td>☆☆☆☆☆</td></tr>
<tr><td>家长评价并签名</td><td>☆☆☆☆☆
________</td><td>☆☆☆☆☆
________</td><td>☆☆☆☆☆
________</td><td>☆☆☆☆☆
________</td><td>☆☆☆☆☆
________</td><td>☆☆☆☆☆
________</td></tr>
<tr><td>评价建议</td><td colspan="6">1. 经他人提醒，在家长的指导下能基本完成常规劳动。☆☆☆
2. 自己积极主动熟练完成常规劳动，效果良好。☆☆☆☆
3. 自己积极主动熟练完成常规劳动，效果超级棒，并主动开展拓展性劳动。☆☆☆☆☆</td></tr>
<tr><td colspan="7">拓展性劳动项目推荐：如设计装饰自己房间、变废为宝、养护绿植、设计菜单、面点制作、竹木雕刻、艺术插花、家居美化、数码摄影、手工剪纸等</td></tr>
<tr><td colspan="7">劳动感悟：</td></tr>
</table>

还可鼓励和指导学生到户外参与社区志愿服务、垃圾分类、绿化养护等劳动实践，创新学生思维和提升人际交往能力，让愿意劳动、参与劳动、热爱劳动、崇尚劳动成为广大青少年的主流价值观。

（四）冶德自律，培养多元发展的闪光者

教育是发现可能，也是发展可能。围绕着“让学生走向道德自觉”，探索由制度育人向自主管理育人过渡，在全校实施学生自我管理，实现学生的自主发展、自我教育和自我服务。校内人际交往与互动、校风班风建设、良好师生关系的培养和同学间互帮互助的引导，都是德育教育的切入点和生长点，大胆探索设置大队委、值日岗、小卫士等自治角色，以情绪强化自育行为，为学生自律发展增加强力引擎，体现以生为本的德育魅力。

（五）凝聚合力，以“互联网＋N”拓宽育人空间

一方面，可以推行“互联网＋班级微播报”，教师将学生在校表现以公众号、推文、美篇或小视频等方式推送给家长，增进家长对孩子的了解；家庭可实施“互联网＋家庭表现评价”，开发网络评价平台，分年龄段进行个体过程性评价，引导家长注重家庭、注重家教、注重家风，帮助学生养成良好习惯。其次，也可发动家长通过“视频家书”等新形式解开父母与孩子长期缺乏沟通而形成的“心结”。

另一方面，创新借力网络，链接政府、社会团体等各级各类资源，加强学校、家庭、社会教育的有机结合，构建共同育人的格局。家、校、社积极筛选、为学生提供《朗读者》《诗词大会》等优质网络学习资源，共同打造高质量、正能量的生态。

【深度思考】

新时代背景下，德育教育的重要意义愈发凸显，更需教育者积极应对困境与危机。“五位一体”模式可以找准根源和症结，直奔问题、直奔解困、直奔实操，可行性强。笔者相信，在实践中不断充实完善的德育新体系定能立得住、落得实、行得远。

第二章　师爱为魂

柔软的心是沃土[①]

吴秀秀

【主要观点】

孩子是在犯错误中成长的，这个事实，我们都知道，但在日常生活中却很难时时心平气和地面对孩子成长中的错误。因此，我们要保持心灵的柔软，爱每一个成长中的孩子，才能成为孩子们成长的沃土。

【经验分享】

心，越发柔软，就越是接近了教育的真谛，柔软的心是孩子成长的沃土。这是我与孩子们相处几年来，最大的感悟。

孩子怎么成长的呢？每一个大人回想自己从孩子到成人的历程，会发现其实很多时候我们都是在犯错误中成长的。既然孩子要在犯错中成长，面对孩子的犯错就更应给予更多的理解。而我们却时常因为孩子犯错而急躁不已，甚至大发雷霆。倘若我们想想：如果自己是那一个犯错的孩子，那会怎样？这么一问，面对孩子做出来的错事时，心也就柔软了些。

2016 年 9 月，我带着忐忑的心情带起了自己的第一届一年级。一年级！那是一群怎样的孩子呢？我不断地猜想着，徜徉于各位名师教育家的书中，期盼寻找到那欣喜的答案。孩子们终于出现在我的眼前时，我使出浑身解数，吸引孩子，用有趣与和善安抚孩子那颗不安的心，帮助孩子们去除新老师、新学校、与幼儿园那种较玩乐式不同的课堂带来的不适。一个星期过去了，

① 此文曾获大亚湾区 2018 年“弘扬高尚师德，潜心立德树人”师德征文评选活动一等奖。

孩子们与我相熟了，每天开心地按时上学，愉快回家，那一声声“吴老师”中除了礼貌，还多了几分亲昵。

可有一个“小迷糊”，却总跟不上大部队的步伐，好几天下午都迟到了，家长送来之后，也是一脸迷迷糊糊，泪眼盈盈，看着书上可爱的小动物，一言不发。

一天，上课铃打了五六分钟，还是不见往日“小迷糊”那姗姗来迟的身影，我正要打电话跟家长询问，就接到孩子爸爸打来的求助电话。其实孩子早送来了，只是在校门口不肯放开爸爸的手。一听这消息，我心里烦躁起来，直奔校门，心里嘀咕着：都快两个星期了，这孩子怎么这么磨人呀！这还有很多其他事等着处理呢！带着抱怨的心情，见到了这个“小迷糊”，楚楚可怜，委屈巴巴。家长赶着上班，看到我来赶紧把“小迷糊”推我手里，转身离开。看着爸爸离开的身影，“小迷糊”哭着要追出去，可是小手被我牢牢地抓着，只能默默地流泪。

我拉着孩子，往教室走。走到楼梯口，孩子怎么也不肯走了，大概是害怕被小朋友取笑哭鼻子吧。此时，逼着孩子进教室也确实不是一个好的选择。可该怎么办呢？总不能在这楼梯口站着吧！突然，我想起了他们爱玩的小游戏，便轻轻地对孩子说：“小婷婷，老师不知道今天你为什么这么难过，不过如果你能不哭了，老师可以不带你去教室，还会陪你玩游戏。”“小迷糊”努力着平复着抽泣的喘息，水汪汪的眼睛看着我。“我们来玩，剪刀石头布吧，赢了的可以爬一阶楼梯，输了可要退一阶了，比比看谁是‘小乌龟’‘小兔子’。”说起游戏，说起她喜欢的兔子，孩子来了精神。

我们俩一高一矮，一大一小的身影，伴随着“剪刀石头布”的声音，在楼梯上缓慢地前进着。终于来到了教室旁边的办公室了。这时，孩子又开始“抽鼻子”了，不愿往前走。我拿了一个小板凳，让她坐着，蹲下来跟孩子聊天，不逼着她，也不凶孩子。因为我很想听听孩子的心里话，是什么让她难过，什么让她害怕，也因为心疼孩子，想告诉孩子无论遇到什么困难老师都会帮助你。从孩子喜欢的小动物聊起，聊到了她的家人，聊到了她可爱又淘气的小弟弟的糗事，聊到了她最喜欢画画，聊到了午觉起晚了被骂了，聊到今天来的路上快下雨，天好黑，爸爸开得很快把她吓到了。聊着聊着，“小迷糊”不哭了，脸上带着笑，迫不及待地跟我说起了衣服上那只可爱的小兔的来历……

下课铃声响起了，看着“小迷糊”雨过天晴的脸，摸摸她的头，告诉她老师很喜欢跟她聊天，不开心了可以来学校告诉吴老师，并像征求大人意见一样地问孩子：“下一节课，是美术课，想不想去上课呢?”孩子点了点头。我一本正经地捧着孩子肩，问道：“如果下次不开心，可以怎么办呢，可以告诉谁呢?”“小迷糊”害羞地说：“吴老师。”我笑着牵着她往教室里走。

上课铃声响了，我回过神来静思，庆幸着自己没有因为“事多繁杂”而失去耐心，没有大声呵斥，没在孩子小小的心里竖起一道墙。这孩子如此难过是因为心情不好，是因为受惊了，是因为害怕迟到了被小朋友们笑。这么复杂的情绪交织在一起，让本就没有适应一年级生活的孩子，更没了安全感，才让孩子抗拒离开爸爸。其实，想想我们大人也会有情绪不好，不想上班的时候；也会有不开心，想要逃避的时候，只是我们比孩子，更懂得调节、克制。那我们又怎么可以要求一个孩子时时都控制好自己呢？孩子是不一样的，调节不来的时候，她只能通过哭，通过抗拒某事某物来宣泄情绪，因为孩子希望得到理解。假如这时老师还对孩子一通严批，孩子怕是恐惧极了。

这样想来，这件看起来像是麻烦事的小事，其实是孩子最纯真的表现，是成长过程中必不可少的。这并不是孩子的过错，而且孩子很多时候是在犯错中成长。站在与孩子同一边时，越接近孩子，越了解孩子，心就越是柔软，越能告诉孩子可以怎么做，孩子也越会听得进去。等孩子慢慢过了那一个成长的必经期，“学有所成”时，便也自然花开了。

之后，小迷糊虽然还有迷糊迟到的时候，但是再也没有来到校门不肯进教室的情况。还常常跟我分享她的新作，我不再教她了之后，也常常开心地呼唤我“吴老师”。

也许是教育的缘分要让我坚守这一份珍宝——保持柔软的心。这学期，带着六年级的我在校门口又看到一个小小的身影在号啕大哭，询问他原因，哭得泣不成声，喘气都来不及了，更别说回答。一旁见到的孩子说：“老师，我认识，他每天都这样哭的，他是一年级新生。我之前一年级也是这样，现在不会了。”我问道：“为什么呢?”“现在不害怕了，长大了。”小孩边跑边喊着。我欣然一笑，想起了“小迷糊”，孩子都是这样长大了，需要一个过程，不是一下子就长大了。

带着柔软的心看待孩子制造出来的“小麻烦”，这是一种理解！理解孩子，才能亲近孩子！越亲近孩子，心就越是柔软！越柔软的心，就越会是开出一片生机勃勃的花儿的沃土。

【深度思考】

教育，民族之命脉；先生，教育之魂魄。习近平总书记强调教师要成为大先生，做学生为学、为事、为人的示范，促进学生成长为全面发展的人。我们应牢记于心，立志做“大先生”；我们应实践于行，做到心中有爱、眼中有光，使自己成为滋养孩子们的沃土。

因为爱，所以爱[①]

钟嘉妮

【主要观点】

以爱育爱，静待花开。有人说："爱是教育的灵魂。"课堂上教书育人，迸发智慧的火花；课堂外温柔以待，丰富教育的内涵。在爱的浇灌下，孩子们更能感受学习的意义，领会成长的价值，涵养健全的人格。教育是一场温柔与爱的坚持。

【经验分享】

踮起脚尖儿/走进安静的小院/我们把一株紫丁香/栽在老师窗前

老师，老师/就让它绿色的枝叶/伸进您的窗口/夜夜和您做伴

老师——绿叶在风里沙沙/那是我们给您唱歌/帮您消除一天的疲倦

老师——满树盛开的花儿/那是我们的笑脸/感谢您时时把我们牵挂

夜深了，星星困得眨眼/老师，休息吧/让花香飘进您的梦里/那梦啊，准是又香又甜

——《一株紫丁香》

在开学的第四周，我刚好给孩子讲这篇课文。这些纯真朴实的文字，勾起了我满腔的柔情和神圣的使命感。

因为爱，所以爱。我爱你，我爱他，我爱我们共同的孩子——学生。正因为有了他们，我们才有了这个共同的称谓——老师。

---

① 此文曾获大亚湾区 2016 年"甘守三尺讲台，争做'四有'老师"师德征文评选活动一等奖。

两年前，我也还是学生，在我 16 年的求学生涯中，有幸遇到了几位朴素的恩师。他们穿着简单，住着徒有四壁和一床一桌一椅的陋室，却每日里兢兢业业、教书育人；他们没有读过大学，没有高深的知识，但却用他们的坚守之志、慈爱之心引导着我们学习，帮助我们成长。这种师德永远铭刻于我心。

2014 年 9 月，我如愿以偿地成为一名在教育战线上耕耘的教者。我很兴奋，也很激动，但同时我也深感惶恐，因为初入讲堂才发现自己身上还有太多的不足之处，还有太多的东西需要学习，我感受到了自己身上的重担。经过两年时间的教育教学，让我深深地认识到自己的教育经验不够，自己的管理方法不够成熟，自己的临场应变能力还需加强……我知道自己离一个好老师的标准还很远很远，需要学习的还有很多。但我知道，只要心中的灯亮着，有爱，就有希望。所以，我决心点燃自己的青春，把自己的全部精力和满腔真情献给教育事业，做一名人民满意的好老师。

爱孩子

做一个好老师一定要有仁爱之心。刚刚任教的我没有担任过班主任，去年幸运地当上了一年级 5 班班主任，我深刻地认识到教师应该热爱学生。夏丏尊先生在翻译《爱的教育》时情不自禁地说："教育之没有情感、没有爱，如同池塘没有水一样。没有水，就不成其池塘，没有爱就没有教育。"鲁迅先生也说："教育植根于爱。"由此可见，教育与爱的关系如此水乳交融，没有爱就没有教育。

爱是教育的光辉，爱是教师的灵魂。爱是人梯，给求学攀登者以无穷的帮助；爱是渡船，搭载求知者驶向成功的彼岸；爱是生命之光，照亮求知者前进的道路。教师的一个微笑，一次赞许的目光，一句鼓励的话语都会温暖孩子的心。当然，这种爱是一种无私的爱，是对所有学生的爱。冰心说："世界上没有一朵鲜花不美丽，没有一个孩子不可爱。因为每个孩子都有一个丰富美好的内心世界，这是学生的潜能。"所以教师不应该把学生分为三六九等，差别对待。对所谓的"差生"，甚至问题学生，教师更应该多一些理解和帮助。教师应平等地爱学生，善于发现每一个学生的长处和闪光点，让所有学生都健康成长，让所有学生都能成长为有用之才。

先贤墨子曾说："爱仁之子，由己之子。"所以我们的每一个学生都是我们的孩子，让我们都做孩子的父亲、母亲。我们也许不能把爱汇聚成海，但我们会竭尽全力把爱的水滴凝聚成一条小溪，滋润每一个孩子。

爱职业

当我第一次走上讲台，面对那一张张纯真的笑脸，目视那一双双渴求知识的眼睛时。原本以为会紧张的我奇迹般地竟没了一丝的胆怯，欢快地与学生进行了交流。当时的我在想，也许我天生就属于这个讲台。而在问到他们对于我的期待时，我感受到了肩上担子的重量。

于是我给自己定下目标，要做新时期人民满意的“四有”好老师：有理想信念、有道德情操、有扎实学识、有仁爱之心。这不仅要表现对孩子的关爱上，还要表现在对教学事业的孜孜探求上。教职不只是赖以谋生的“饭碗”，还是可以奋斗一生的“阵地”，可以奔跑一世的“征程”。“四有”好教师心目中最好的教案往往在酝酿中，最好的课往往是下一堂。好教师心中的最大骄傲必定是出色的学生。习总书记说得好，争做教育改革的奋进者、教育扶贫的先行者、学生成长的引导者，此“三者”让我们在业务钻研上乐于进取，在教导学生上尽心引领，为我们为人师表指出了明确的方向。只有我们坚定理想信念，扎实工作，才能增强教书育人的责任感和使命感，才能得到学生、家长、社会的认可，才能有职业的幸福感和工作的成就感，从而使自己的生命绽放光彩！

没有华丽的舞台，没有簇拥的鲜花，因为爱，我们在“三尺讲台、一块黑板”的天地间点亮心灵；因为爱，我们用精神塑造灵魂，用智慧铸就文明。因为爱，我们志行万里不中道而辍足，翱翔九天以始终。我们不去想未来是平坦还是泥泞，既然钟情于教育，就勇敢地投入真诚；既然选择了远方，便只顾风雨兼程。

写到这儿，我的耳际又响起了那首童声朗诵的《一株紫丁香》。在学生的心中，我们多么完美啊！可是很惭愧，我们还真的不完美。但是我愿意以“三者”“四有”标准来鞭策自己，在这三尺讲台上，注满我的情，倾尽我的心，让青春在阳光下绽放。

【深度思考】

爱的教育是儿童教育的基本原则和方法。从孔子的“仁爱”到墨子的

“兼爱”说明了爱的重要，陶行知先生“爱满天下”的思想更把爱的教育发扬光大。教师对学生真挚的爱是我们感染学生，教育学生的情感魅力。所以师爱不是抽象空洞的理论说教，而是情动于中而形之于外的教育——由观念转化为行动，点滴渗透，沁人心脾。

发现孩子的闪光点

樊晓彤

【主要观点】

法国作家罗曼·罗兰曾说过："要撒播阳光到别人心中，总得自己心中有阳光。"著名教育家巴特尔也说过："教师的爱是滴滴甘露，即使枯萎的心灵也能苏醒；教师的爱是融融春风，即使冰冻了的感情也会消融。"教师如何去爱学生，如何让学生体会到教师对自己的爱，是一门学问。在实际工作经历中，我认为，每位学生都有闪光点，学会发现学生的闪光点，是爱的开端。

【经验分享】

故事一

还记得第一次当班主任的时候，我满心憧憬，在心里暗暗告诉自己：一定要建立一个最团结友爱的班集体。可惜事与愿违，开学后繁忙的工作压得我喘不过气，班里的学生多数好动、调皮捣蛋。等我反应过来时，班级已经成了一个无序的小社会了。

小潘，就是这个无序小社会里的"捣蛋头头"，视课堂纪律为无物，随心所欲地干自己想干的事，从不在乎班里其他同学的眼光，率领着另几个"小调皮"，把班级搅得天翻地覆，简直如同孙悟空大闹天宫，令众老师头疼不已。

正所谓"擒贼先擒王"，我约来小潘谈话，才发现他头脑灵活，思维活跃，口齿流利，我问他为何总扰乱纪律，他说得头头是道，他说："樊老师管理太严苛了，每次我们犯了错误，只知道批评、惩罚。"为了推翻我这个"法西斯”作风的老师，他决定揭竿而起，他这是高压下的“政变”!

我承认自己性格容易急躁，缺乏经验。听了小潘的话，我并没有生气，反而醍醐灌顶，原来在学生们的心中我是这样一个形象！师生关系这样紧张对立，还怎么管好一个班级！我虚心向小潘请教，请他提建议，他似乎没有想到一个“法西斯”式的老师会这样做，愣住了。我真诚地看着他，在我的鼓励下，他滔滔不绝地结合他以前的班级生活向我提起建议来：老师管理班级应该要有赏有罚，课堂吵闹时要喊口令、竞赛，班里应该张贴评比栏……竟说得头头是道!

我一一记下来，并邀请他担当我的“监督人”，如果发现我在课堂上有发火的预兆时，他会用手势提醒我停下来。我还打印了评分表，每周一张，我们互相评分，我告诉他：“这是只有我们俩才知道的小秘密，你很厉害，希望你能严格监督我!”

小潘眼里闪着光，郑重地收下了评分表，并点了点头。从此，在课堂上，小潘再也不捣蛋了，每当发现我的脾气“风雨欲来”时，他就会用右手食指抵住左手手掌，做一个“暂停”的手势，我想到和他的约定，就会慢慢平复下来。有同学好奇地问我：“为什么老师看到小潘做的手势就不发脾气了?”我笑着说：“这是我和小潘之间的小秘密!”

这样，在小潘的影响下，我开始渐渐控制住自己的嗓门和脾气，在班级里设置评比栏，更多地用鼓励性的语言激励他们，班级纪律渐渐有了好转，小潘从以前的“喝茶专业户”变成了“得力小助手”。

小潘是一个非常有想法的孩子，敢于向老师发起挑战，思维清晰、头脑活跃，这是他的闪光点。每个学生都有可爱的一面，老师们要有一双善于“发现”的眼睛，捕捉学生身上的“闪光点”，通过适当的激励，使其个性特长得到充分发展。“良言一句三冬暖”，对学生客观、肯定的评价，是学生自信心形成的重要因素之一。在教育中，我们既要看到学生的缺点，更要善于发现学生的优点，学会肯定、赞美和赏识学生，激励学生向阳生长。

故事二

小雨是一个机灵的女孩，由于低年级时父母都在外工作，极少参与她的成长与学习，家中只有年迈的爷爷带着她，使得她身上有许多顽劣的毛病，作业不写、上课不听，是“不及格专业户”，甚至有时会“摸”走别人的东西，老师批评她时她甚至会顶嘴、翻白眼，令我头痛不已。和家长通话反映情况，家长也无奈地表示：工作忙，不着家，实在管不到她，怎么办？我心里有一个小恶魔在悄悄地对我说："家长都不管，你还管什么？放弃好了！"可不一会儿一个心中的小天使又挥舞着翅膀对我说："她还这么小，你也放弃了，她怎么办？"

当然不能放弃！每一个孩子都是独一无二的"玫瑰"，都应该在爱的春风和雨露下茁壮成长，我怎么能因为她一时的顽劣而对她"睁一只眼闭一只眼"呢？

有一天，破天荒地，小雨妈妈在群里发送了一段她的背书语音，我惊喜地发现原来小雨的朗读这么清脆流利！尽管有好几个字都没读准读音，但是我赶紧抓住机会，在群内对她大张表扬。第二天一上课，我还特意写了一张表扬信，在班内公开表扬小雨同学，称赞她是我们班的"小小广播员"，并邀请她担任早读班长。那一刻，她的眼睛亮晶晶的，看起来兴奋坏了，这可是她这学期第一次得到表扬信呀！我对她说："小雨，你的点滴进步老师都看在眼里，相信你以后会更让我们惊喜！"

她把表扬信仔仔细细地收好后立刻端端正正地坐直了，两只眼睛整堂课都认真地盯着我，一整节课都没和别人插科打诨，还积极举手回答问题呢！之后一周的早读班长，也担当得像模像样，朗读不仅流利，而且没有错音，这说明她私下肯定有提前练习，这多么令人欣喜呀！

从那以后，小雨的进步就像坐火箭一样，课堂上积极举手回答问题，在给同学们示范朗读的时候，总是第一个举起小手，作业也老老实实地认真完成，不仅脱离了"不及格专业户"的队伍，还积极参与班级事务：出黑板报，她第一个举手；搬作业发作业，她抢着参加……这些转变是多么令人惊喜呀！这一朵小玫瑰终于吸饱了雨露，在风中舒展着自己的身姿！期末寄语中，我写道："这学期，老师很欣慰地看到了一个上进、懂事的小雨。你积极参与班级的各项事务，乐于当老师的小助手，在学习上也有了较大的进步，相信下学期你会更加闪耀哦！"

【深度思考】

原来，老师一个赞许的目光、一句欣赏的话语，对学生来说都是激励自己进步向上的强大动力。每位学生都想把自己好的一面展现给老师，而老师的“赏识”正是每位渴望进步的学生重新找回自信、迈向成功的起点。老师们要善于发现学生身上的闪光点，多角度、全方面地评价学生，多给学生掌声和喝彩，让孩子们充分汲取阳光与营养，自信生长！

让心充满爱

林耿萍

【主要观点】

爱学生就等于塑造学生，而厌弃学生无异于毁坏学生。但如果教育学生还停留在“老师的威严不容践踏”，就落伍了，就不受欢迎了。我们应适当地应用教育技巧，会有意想不到的收获。

【经验分享】

十三年前，师范院校毕业的我理所当然地选择了教师这一职业，我始终把“一切为了孩子，为了孩子一切，为了一切孩子”当作我从教的最高准则，为了他们我甘愿奉献出自己无私的爱。记得刚毕业时，我在中学任教，站在三尺讲台上时，面对无数双渴望求知的眼睛，心里充满了激动和兴奋。望着比我还高的孩子们，还有些许的担心和忐忑。

而就在我忐忑时，经验丰富的老教师给我送来了金玉良言，耳提面命地教导我：对学生要凶，学生才会怕你，这样才能镇得住学生，太温柔了只会被学生欺负……而我也把这些话当作法宝，把在大学学到的“微笑教学”抛之脑后。上课经常板着脸，而发怒也成了我教学生活中出现得最多的情绪。孩子上课不专注，回答不积极，作业拖拉，书写潦草等等这些都会引起我的发怒。我会在课堂上大声呵斥犯错的学生，只因为觉得这样做会在全班起到威慑作用，却没有去想这个学生会有怎样的感受，也忽略了同样坐在教室中其他的那些满怀期盼等老师讲授新知识的学生。经过一段时间，我虽然能很好地控制住课堂上的纪律，可总觉得课堂上哪里不对劲。感受着每个学生看我时畏缩的目光，回想着课堂上死一般的沉寂，陷入了深思。直到那一次在观摩名师课堂时，我才顿悟了。

有一次，华中师范大学附属小学的彭静老师到我校上示范课，课上彭静老师热情亲切的教态，丰富优美的语言，鼓励赞许的眼神，拉近了与孩子的距离！尤其是面对不善于发言或比较胆怯的孩子，她给予他们恰到好处的微笑与肯定，当孩子们获得了老师的关注与认可，便开始积极举手，踊跃发言，而当孩子发言时，老师也会站到孩子跟前认真聆听孩子的回答，用赞许的眼神鼓励他们，用温暖的手拍拍他们，这样零距离的接触，让这个课堂变得很亲切，我突然感悟到课堂应是向在场的每一颗心灵都敞开温情的怀抱，瞬间明白是我严厉的目光切断了学生的思维，是我冰冷的面孔熄灭了学生心中的热情。如何激活我的课堂，让学生们能在愉悦的气氛中学习呢？我陷入了沉思。美国教育心理学家曾总结："如果孩子生活在批评中，他便学会谴责。如果孩子生活在敌视中，他便学会好斗。如果孩子生活在恐惧中，他便会忧心忡忡。如果孩子生活在鼓励中，他便学会自信。"用心回顾自己过去的求学生涯，我是80后，我们的老师大多数也是严肃的，让人敬畏的。但最让我难忘的老师是我初一的女老师。她温文尔雅，不爱发怒，她的一笑一颦至今还在我脑海中浮现。上课时她喜欢把赞许的眼神投向我，对我微微一笑，进行心与心的交流，因此我很喜欢她，特别喜欢上她的课，语文成绩也因此突飞猛进。直到那时，我才真正地体会到只有轻松的学习氛围与融洽的师生关系，才能促使学生们更喜欢上课，期盼上课。

于是我开始精心设计上好每一节课，用我的热情与笑脸去迎接每一节课，从不吝啬对学生的表扬，从不吝啬对学生的微笑，因为我明白期望得到别人的表扬是每个孩子的天性，孩子的内心世界是清澈的。每个人都期望自己能得到别人的肯定。来自老师的表扬与肯定，会令孩子们更加的自信和可爱，从而以更加用心的态度做出回应。就像魏书生所说的："我们教育子女、教育学生还停留在忠言逆耳的观念上，就落伍了，就不受欢迎了。我们应适当地应用教育技巧，会有意想不到的收获。一句表扬乃至一个微笑就是鼓舞孩子奋发向上的强大动力，孩子建立了自信心，对待各种事物的态度就会变得更加用心。"

从那以后，我开始注重鼓励教育。刚接手五年级时，就听其他老师说了小枫（化名）的状况。她，一个留守儿童，且父母已经离异，四五个孩子跟着外婆一起住，作业几乎不完成，学习一塌糊涂……当我了解这些状况后，暗下决心，希望用鼓励教育帮助她。我利用课间经常与她谈心、交流，使得她慢慢地能够愿意我，愿意与我交流一些事情。在语文课上，我经常设计一些比较简单的问题让她回答，每当她回答正确时，我总是给她一个微笑，一个肯定的眼神，对她竖起大拇指表扬她，不断地给她信心。课后我抽空辅导她，鼓励她背课文哪怕是一段一段给我背。久而久之，她开始喜欢上语文课，而且每节语文课上总能看到她用心举手发言，布置给她的作业虽然有时候由于孩子的惰性，在家没有完成，但一来到学校知道我会检查她的作业，她总是很认真地埋头补作业，有时候已经完成了作业，会很得意地把作业亲自交给我，还不忘强调一下："林老师，我的作业全部都做完了，您能帮我检查一下吗?"这时，我欣喜地表扬她："很好，你的作业独立完成了，很了不起，要继续坚持哦!"渐渐地，她的脸上现出了孩子应有的笑意。她看见我不再游移躲闪，而是大方又快乐。之后，她的学习进步很快，老师表扬她，同学们对她刮目相看，课间同学们都在议论说她进步真的很快。从那以后，她对学习语文的自信心更强了，所以有人说"老师的一句话，可能会创造一个奇迹；老师的一个眼神，也许会扼杀一个人才"。老师习以为常的行为，对学生终身的发展也许会产生不可估量的影响。

【深度思考】

只有走进学生心灵的教育才是真教育。爱是教育的原动力，教师关爱的目光，满意的微笑，激励的表扬，就是学生心灵的阳光。让爱的阳光洒满孩子的心田，让孩子更加快乐茁壮地成长。

孺子亦可教

刘晓英

【主要观点】

我非常认同魏书生老师在《班主任工作漫谈》中提到的一个观点，大致如下：在平凡的教学工作中，教师要善于用孩子心灵深处的能源去照亮孩子的精神世界，基于对孩子的爱、对孩子的了解，尊重学生的意愿和人格，把他们当作实实在在的“人”，而不是驯服物。每个孩子都有自己的个性特点和特长，教师要因势利导，帮助孩子找到自己的方向，健康成长。

【经验分享】

我班有个孩子，他有个霸气十足的大名，性子也是霸道得很，班中如要封个小霸王，非他莫属。教他的这几年，惹是生非无数，小到上课不听、作业不写，大至打架、逃学、翻墙，班规校纪他几乎违反了个遍。小万不仅自己调皮捣蛋，还特别有号召力，以他为中心聚集了一个“惹是生非小分队”，三天两头弄点事情出来，搅得班上难有安宁，没少让科任老师生气，我作为班主任，更是常为此大动肝火，苦恼不已，心中认为孺子难教也！

靠着一点班主任的威严，各种严厉批评、苦口婆心轮番上阵，我在和他斗智斗勇的过程中算是勉强管束住了他。

新学期，班上要换一批新的班干部，我考虑良久，决定根据每个孩子的性格特点安排职务：在班上有榜样作用、公平正直、大胆管人的同学，分别当班长、副班长，做事严谨、负责的同学，安排当各类学委、各组组长。原先的体育委员为班上服务了三年，口号喊得响亮，“业务”也熟练，在组织班队上有功劳也有苦劳，今年，我想让他去别的岗位上锻炼，因此，我需要物色一名新的体育委员。我想到了小万，他嗓门大，胆子大，身强体壮，是块当体育委员的料子，没准儿还能借此让他发光发热，有所转变。

当我宣布由小万担任新的体育委员时，班上的同学嘘声一片，他则一副难以置信又暗自欣喜的神色。第一天开始管理班队的时候，小万不好意思喊口令，站在队伍前手足无措。我就以“老带新”的方式让原体育委员教教他，反复鼓励他大声喊口令。

没几天，他来找我诉苦：“刘老师，我不想当体育委员了，他们都不听我管……”一切都在意料之中，我就等着这天呢。综合这几天的观察，我引导他分析了个中原因：他自己没有做好表率作用，所以同学们不认可他，不服气，也就不服管。接着，我肯定了他这些天的进步，引导他内省，鼓励他调整自己的言行，先改变自己才能改变一直以来留给同学们的印象。仿佛泄气的皮球找准了补漏的窟窿眼儿，小万的眼中又有了神采。

在班上，我一旦发现他有某些进步，就大夸特夸，使同学们也留心到他的点滴改变，帮助他树立起一个班干部应有的威信，也使他感受到进步带来的成就感。渐渐地，小万能够独立管理队伍，每天有序地组织排队、带队，还会充满正义感地处理同学间的一些小摩擦。在每日的管理工作中，他切身体会到了若要管好他人，先管好自己，虽然没有一下子变得多么优秀，但是整个人态度已经大有转变。偶尔犯了错误，小万也比以前听得进批评，会拿出实际行动来改正。曾经的作业困难户，这学期几乎每天都能交齐作业，偶尔某次没交被组长记名，他也是甘愿受罚，不再偷懒。学习态度一改变，成绩也随之提高了一点。于是，小万的日常表现和学习情况逐渐形成良性循环，不仅收获了同学们的夸赞和友谊，还在原来的“惹是生非小分队”中树立起了一个进步的榜样。

有时候小万和同学起了矛盾，他不再像过去那样立即动手，以牙还牙、以眼还眼，而是会找老师评理，解决纠纷。他由一个自私、无所顾忌的孩子，变得大度、关心集体荣誉。比如在校运会期间，仅仅因为一位同学士气低落说我们班球赛一定会输，他就当场驳斥并伤心大哭起来，多么可贵的情感！

以前的小万会因为怕我惩罚而心不甘情不愿听我管束，背着我不知搞了多少小动作。现如今，小万领会到老师是真心实意帮助他变得更好，越来越信赖我，很在意老师的感受和评价。比如：周末不愿意参加家里给他报的辅导班，我稍微劝一劝，他就同意去了；在家里写作业想耍赖，妈妈一说要告诉刘老师，他就收敛了。最让我感到暖心的一件事是，有天下午我和孩子们一起玩排球，球不慎滚到了绿化带里，我正准备钻进灌木丛把球捡回来，小万竟连声阻拦："刘老师你别去！那里很多刺，让我来，我去捡！"边说边冲了过去，敏捷地钻进树丛中把球捡了回来。我问他："为什么不让老师去捡啊？"他不假思索地回答："因为你个子高，会碰到头的，而且里面很多刺，会扎到你。"我反问："那你不怕吗？""不怕，这是男子汉做的事。"其他男生也附和："对，我们去捡就可以了，我们保护你。"那一瞬，当班主任的幸福感盈满心间。

每日课间操，看小万穿梭在班级队伍中，认真地履行着体育委员的职责，不时提醒同学："对齐！手放好！""你往左边挪一点！""安静！"我在一旁背手而立乐得清闲。秋日金色的阳光下，那敦实的身影可爱极了，我心中欣慰不已：孺子可教也！

【深度思考】

教育工作者所持有的师爱，首先是理解学生的精神世界，发现孩子的闪光点，然后是出于责任和对每一个孩子的尊重，把欣赏与期待投向每一个学生，做一个心中常有爱的老师，一个尊重学生同时也受学生尊重的老师。在教书育人的这条道路上，有太多值得研究的问题，我显然是个入门者，我将不忘初心，在教育的道路上砥砺前行。

一颗糖的美好

陈 萍

【主要观点】

窦桂梅老师曾说："教育是爱，爱就是教育。"爱，是我们打开学生心灵的那把钥匙；轻叩心扉，为学生送去缕缕芳馨。爱是美好的，如糖一般甜蜜。

【经验分享】

转眼已是我执教的第 13 个年头。记得第一次来到华附一小，记得第一次听到叶校长的讲话，记得那一句"把教育当作事业"的至理名言，更记得大学校门口石碑上的那八个字"勤教力学，为人师表"。以此为训，彰显教师风采。教师，是一份辛苦的职业。教师，立足于平凡的三尺讲台，黑板是永恒的背景，粉笔是最亲密的伙伴，学生是我们最近的亲人。教师，从事的是教育的最基层的工作，这就注定我们的一生要在平凡和忙碌中度过。在华附一小的校园里，老师们脚步匆匆的身影是一道亮丽的风景，孩子们下课后的嬉戏玩耍是一道亮丽的风景。

这个学年，从六年级再次回到一年级，于我而言，身心都是巨大的转变。从教导高年级的严词厉色到教导一年级的和蔼可亲，角色转变可谓大，幸好也是两个孩子的母亲，身份能随意切换。每天到班级，看着这群懵懵懂懂的孩子，有时书声琅琅令人颇为兴奋，有时窃窃私语令人心情低沉。一年级的课堂教学与这群孩子的课堂纪律密切相关。课堂上自己讲得兴趣盎然，台下却有小家伙在低头玩弄纸笔，心情顿时一百八十度转变。和小家伙们的斗智斗勇，也曾令自己颇为受伤。生气郁结，喉咙肿痛失声也是常有的事情。

还记得上个学期我喉咙肿痛，为了不影响教学进度，每天依然在上课。

后来，喉咙竟然说不出话，只能咿咿呀呀地发出一点声音。那天，小家伙们看着我在讲台上比划动作，一个个用诧异的眼神看着，可是小嘴巴还在吧唧吧唧地聊着。这个时候，感恩教育的时机来了。我趁机一字一句“咿咿呀呀”地发声说：“孩子们，老师的喉咙说不出话来了，你们心疼吗？”孩子们纷纷表示点头。这个时候，我又说：“那你们觉得该怎么做，陈老师才能好得快一点呢？才能给大家上课呢？”这个时候，大家纷纷闭上了嘴巴，把背挺得直直的，小眼睛坚定地看着我。嗯，会心疼人了，希望这些孩子能保持。这一节课就这样安静地在他们做作业中度过了。我是既庆幸，又开心。

第二天的早读课，教室里书声琅琅。在教室里巡视早读，当我走到思远小朋友旁边的时候，小家伙突然伸出手，不好意思地挠挠头，从书桌底下掏出个东西来。正在我好奇之际，小家伙腼腆地说：“陈老师，这个秋梨棒棒糖给你。”这一刻，我的心暖了，这是孩子对我的爱啊。小家伙学会关心人了。平时的他可是害羞极了的，连给我抱完作业都风一样地跑走。这是他多大的勇气啊！“是妈妈买给你的吗？你还是留着自己吃呀。”小家伙眨眨眼，小声嘟囔着：“这是手工做的，老师吃，家里还有呢。”此刻，我又想起窦桂梅老师那句话：用爱心来浇灌教育，那我们就能收获幸福；用爱心来感染学生，那我们就能走向成功。

一个教师，不仅要心里有爱，更应该学会赏识学生，经常称赞和鼓励学生。在指出他的错误之前，首先表扬他好的方面。当学生出现了错误，不应一味地责备，而应该告诉他们下次怎样做得更好。回想过去的一个学期，一年级的孩子们所做的事情历历在目。小陈同学，一个极其好动又课堂自控力较弱的小孩，上课总是喜欢动来动去。怎样才能让这个孩子自己先做好呢？于是，我让他当起了课堂早读的小老师。受到表扬后，小家伙能大声响亮地站在讲台上领读，班级其他孩子也能跟着学习。这种做法，显然是对的。首先表扬孩子，再告诉他哪里做得好，这是激励一个孩子最有效的方法。

苏霍姆林斯基说过，教学是一门艺术，而不仅是技术。不论是教学工作，还是班主任工作，我觉得，教师不单要有热爱教育事业的热心，还要有关爱学生的爱心，更要有处理事务的恒心。

《第 56 号教室的奇迹》作者雷夫老师用一年的时间创造了改变学生一生的奇迹。雷夫老师的信念是“要达到真正的卓越是要做出牺牲的，需要从错误中汲取教训的同时付出巨大的努力。毕竟，教育无捷径”。是啊，教育无捷径。作为一名教师，要能从孩子的角度出发，爱孩子、懂得孩子的心理，要遵循教育规律。用爱心、真心、恒心来包容学生；用信任、智慧、责任来启示学生。正如雷夫老师所说的，一间教室能给孩子们带来的，取决于教室桌椅之外空白流动的。决定教室尺度的是教师，他（她）的面貌，决定了教室的内容；他（她）的气度，决定了教室的容量。

子曰："其身正，不令而行；其身不正，虽令不从。"教师应该以自己的学识魅力和人格魅力去教育和感染学生，做学生健康成长的指导者和引路人，让学生在潜移默化和耳濡目染中树立正确的人生观、世界观和价值观。林伦伦教授勉励全体教师说："高尚的师德，是对学生最生动、最具体、最深远的教育。"我也会用它来勉励自己。

【深度思考】

作为一名新时代教师，要努力为孩子们打造一个坚固而友善的避风港，让他们成长为充满自信又快乐的人。作为一名新时代教师，要带领学生走出课堂，走出教材，到更广阔的天地中去学习。在今后的教育教学工作中，我要放下架子，蹲下身子，和孩子们一起学习和游戏；我要努力工作，积极进取，做一个生活和工作中的有心人，与学生共同成长，做一个学生成长道路上的点灯者。美好教育，如影随形，如糖甜蜜。

陪伴孩子成长

郭锦怡

【主要观点】

光阴似箭，日月如梭。转眼我陪伴这届孩子们已经走过近六年。六年来，在与孩子们的朝夕相处中，我和孩子们共同成长。回首过去的点点滴滴，感悟良多。

【经验分享】

言传身教　以行动取信

孔子说过，“其身正，不令而行；其身不正，虽令不从”。言传是身教的基本方式，身教是言传的有效手段。

作为一个小学班主任，面对这些天真无邪的孩子，我为自己定下了一个原则：事事从自己做起。作为班主任，除了在言谈举止、衣着穿戴方面要成为学生的表率外，还得加强自身素质，以身作则。

记得刚刚一年级的时候，孩子们什么事都不懂，卫生习惯也很不好，打扫卫生成为一件让人头疼的事情。作为班主任，也是班级的一员，于是我率先起到带头作用。于是，最初的值日就是我带着他们一起打扫教室，传授他们高效清洁的方法。

虽然第一个月基本上都是以我打扫为主，但是慢慢地他们掌握了扫地的技巧，最后不仅可以把教室打扫干净，而且可以注意卫生工具的摆放。这个过程中，不只是孩子们会打扫卫生了，我也收获了他们的信任与肯定。

这样的一个举动，会比纯粹的语言说服起到更好的效果。如果每个班主任都有一股“让全班学生向我看齐”的勇气，那么“身正为范”就真正得以体现了。

夯实基础　方可致远

新课标指出，语文是一门兼具人文性与工具性的学科。在小学阶段，尤其对于刚刚步入小学的孩子们来说，文字是一座他们与外界沟通的桥梁。因此，语文学习必须重视听说读写。

带班六年来，我对书写和每日课外阅读、背诵默写等基础内容一直都保持比较严格的要求。就书写来看，俗话说字如其人，良好的书写习惯不仅可以修身养性，更是一张行走的名片，让人受益良多。

从他们一入学起，我就对他们高标准要求，上课时我坚持范写，最初每个字都会一笔一画地将字的笔顺、间架结构、笔画标准呈现出来，如果写不好还要擦掉重写，让学生意识到写字不仅要规范，还要力求美观，这样才会有进步。

在这个过程中，我也因为教导学生书写时反复涂抹而遭遇家长质疑。习惯的养成必定是需要一些耐心的，我积极与家长沟通，让他们了解一手好字的意义，最终也得到了许多家长的支持。后来，班内引发了一阵学习书法的风潮，带动了他们语文学习的兴趣。孩子们互相竞争，暗自较劲，都希望成为“人形打字机”，到现在班里有许多同学书写都十分美观，甚至让我自愧不如。

保持沟通　携手同行

说到沟通，许多人都会想到家长。家长是学生永远的老师。诚然，学生的健康成长离不开良好的家校沟通，及时和家长反馈学生在校表现、给予针对性的方法指导等方式不仅能有效解决学生问题，更体现了教师对学生的关心与重视，收获了家长的支持与信任，也减少我们教育教学的阻力。

在我看来，班主任工作不能局限于此，要立足学生全面发展的角度，明确定位。班主任与科任老师是引领学生进步的团队，班主任要积极与其他科任老师保持密切沟通，协助他们处理教学中出现的问题，保障科任教师教学有序开展，最终达到学生有所收获的目标。

【深度思考】

学生是教学理论之源，要想寻求教学的活水，就必须以学生为出发点，学生会告诉我们教学的真谛。研究学生，关注学生，我们才能不脱离教学实践，向学生学习，我们才能获得不竭的动力。《礼记》曰："教学相长。"和学生一起成长，我们在教学上就不会迷失方向。

我与学生共成长

袁楚翘

【主要观点】

教学相长，是指教师的教与学生的学相互影响、相互促进、共同提高。教育不是某一方的独角戏，而是一个教师与学生相互成就的过程。在教学中，教师要细心观察，看到学生的需要，学习他们的活跃思维，不断改进教学方法。

【经验分享】

七月，我依依不舍地离开了大学母校。九月，我期待又忐忑地来到了我的新学校。但这一次，我不再是课堂里只需要听讲的学生。相反，我有了一个新身份，我成为传授知识的老师。

第一次做一件事情难免会紧张，而第一次当老师的我更是焦虑。第一次当老师带来了新鲜感、挑战性的同时，也同样带来了担忧和缺乏经验的不自信。还记得开学前的那晚，我在床上辗转反侧，心中有无数个疑问：三年级的孩子会不会很闹腾？我还没教过这么小的孩子，我能把控课堂吗？如果他们在课上太活跃了，我要怎么做？怀着惴惴不安的心情，我迎来了我的第一年教学。

三年级的孩子天真可爱有朝气，但也正是活泼好动的年龄。大部分的孩子上课时能认真听讲，但是，课上仍然常有一不留神就神游天际的、窃窃私语、偷偷画画或玩小玩具的。因为他们，我头疼了很多次，也想方设法地和他们周旋。

面对孩子们的这些行为，一开始，我常常生气。慢慢地，我对这些现象已经习以为常了，也尝试去理解他们。这个年龄段的小孩，活泼好动是天性。作为成年人，也难以保持四十分钟的全神贯注，更不能以这么高的要求苛求他们。作为孩子们的老师，我在课堂上应该做的是多加提醒，正确引导，以及设计更有趣的课堂吸引他们。

于是，我劝说自己要更有耐心，也要更有方法。走神的孩子我会站在他身边，轻拍他肩膀以示提醒。爱说话的孩子我会请他多回答问题，多思考多动脑。我也尝试在英语课堂中融入更多的游戏和歌曲，让孩子们在玩中学、唱中学。慢慢地，我和孩子们有了更多的默契，在我喊出口令“one，two，three”时，他们会响亮地回答“a，b，c”，腰杆挺直双手放正，他们知道，这是老师在提醒他们：要专注了，不要再走神了。小组讨论时间结束，孩子们却还在窃窃私语时，我会沉默不语地扫视四周，用严厉的眼神提醒他们。聪明的孩子们会自觉地闭上小嘴巴，他们明白，这是老师在提醒他们：讨论时间结束，该安静了。

教师的一言一行时刻影响着学生，面对喧闹的孩子，如果教师以同样强硬的方式，大声呵斥或命令他们，效果往往不尽如人意。在学生犯错误的时候，先用眼神或是行为暗示他们，给他们一个改正的机会，给他们一些时间思考对错，这种和风细雨的润物细无声式课堂管理，可能会有意想不到的效果。

现在的我，与班上的孩子们逐渐熟悉，对课堂管理也渐渐熟悉。我了解孩子们会在课堂的后二十分钟慢慢失去专注，变得浮躁。了解他们后，就能对症下药，我会尽量在课堂的前二十分钟安排重难点的讲解，在后二十分钟给他们更多的练习和发言时间。同样的，孩子们也更了解我，了解我暗示的眼神和动作，了解课堂上应该遵守的规则。

在一节节课中，我摸索着课堂管理的方法，孩子们也在不断学习遵守课堂规矩，学习着自我管理和自我约束，这是一个师生共同成长的过程。

某天课上，我看到孩子们腰杆挺直，一双双大眼睛紧随着我，穿着绿色校服的小小人儿放声朗读，就像一片生机勃勃的小树苗，可爱极了。这片小树苗，在老师的指引下，会源源不断地汲取着营养，慢慢成长，成为一棵棵参天大树。而作为老师的我，同样也在不断成长。学习如何教学，将自身与课本磨合，与课堂磨合，与学生磨合，在不断地磨合和学习下，褪去青涩，更加自信。这是一个师生共同成长的过程，教学相长，在教育和教学过程中，作为老师的我和与孩子们一起经历风风雨雨，共度欢乐时光，一起留下美好回忆。

今后，在与孩子们朝夕相处的日子里，我要用爱心与智慧，和孩子们一起快乐地成长，快乐地生活。愿几年之后，这些懵懂幼稚的小孩子，经历阳光的照耀与风雨的洗礼，都成长为懂事能干的小大人。我是渺小的，但我愿意用我的爱心、耐心和宽容，和孩子们一起守护我们的教室，一起慢慢成长。

【深度思考】

在教学中，师生之间是相互促进、相辅相成的。一方面，教师的教导能使学生收获新知识，得到新启发。另一方面，学生提出的问题和要求，也能促使教师不断学习并进步。

用师爱编织美丽的教师梦①

钟声萍

【主要观点】

爱是教育的原点，没有爱就没有教育，对学生的爱是师德师风建设的基础。师德就是立德树人，凭着爱心真正走进每个学生，关注每个学生，晓之以理、动之以情、明知以法、导之以行，引导与感化每个学生，教会学生为人处世的道理，为其今后的人生发展奠定知识、能力和道德素质方面的基础。在教育工作中，教师要理解并尊重学生，在为学生解忧纾困、释疑解难过程中时刻注意维护学生自尊心，把信任的目光公平地洒向每个学生，用爱去赢得学生“亲其师”而“信其道”，用爱的熏陶让学生在未来人生路上成为爱的传播者，在社会中形成爱的接力。教师对学生的爱应严慈相济，既有尊重的爱、理解的爱、信任的爱，又有公平的爱、严格的爱，五爱并举，不可偏废。

【经验分享】

“要成为一名好教师，仅靠一腔热情是远远不够的，教师还必须用先进的思想武装自己，用全新的理念充实自己，用完善的理论指导自己，用高尚的文化陶冶自己，用广博的知识丰富自己，才能让所传之道扎根在学生心中，用所授之业铸就学生的未来。”于是，努力工作之余，我每天坚持抓紧时间学习，同时，将学到的知识应用于实践，在班主任工作中也不断地大胆尝试、自我完善，逐步地走向成熟。我深知，关心爱护学生，就要做到“润物细无声”，努力追求“学生越是感觉不到你在教育他，你就越成功”的理想境界。

---

① 此文曾发表刊物《中小学教育》2021年4月第12期.

还记得教过的一个孩子小 A，期末考试成绩语文 16 分，数学 17.5 分。年轻的班主任老师把他安排到教室最后一排角落，小 A 学习很吃力，数学基础知识漏洞百出，考试成绩不及格已成家常便饭。一提起学习来，他总表示出一副无可奈何的样子："老师，我小时候得过脑膜炎，我妈说我脑子有毛病，所以学习跟不上，不是学习的料。"于是，上课他不好好听讲，不是玩儿，就是与同学窃窃私语，从不举手回答问题，学习成绩越来越差。我曾经与他商量："今天上课，我提出比较简单的问题，请你先回答怎么样?"他连连摇头："千万别叫我，我肯定不会。""你还不知道我提什么问题，怎么断定不会呢?"他默不作声，在一次聊天中，他讲起了三年级，因回答错了问题，同学们哄堂大笑，并给他起了一个不雅的绰号的事，至今还记忆犹新，早已心灰意冷的他让我想起一个故事"饿死的梭鱼"——靠吃小鱼为生的梭鱼与小鱼生活在一个小池内，有人用玻璃将它们隔开。梭鱼看到一群群小鱼在游动，猛扑上去，企图捕食小鱼。"砰"的一声，梭鱼莫名其妙地弹回来；再一次扑上去，再一次弹回来……经过无数次反复扑撞，梭鱼逐渐失去了尝试的勇气。以至于当人们将中间的玻璃拿开后，梭鱼直至饿死后，再也不肯去捕食小鱼。而此刻的小 A 多像这梭鱼!

小 A 心理上失去了学习的信心，基础知识又差，我想最重要的是帮助失落中的小 A 找回自信，为他创造有可能成功的机会，让他重新认识自我，感受自己在集体中的价值，树立起学习的信心。在学习"两位数乘两位数"的课程时，我先给小 A 补两位数乘一位数乘法的知识。通过补课，小 A 对"乘数十位与被乘数个位上的数相乘的积，为什么写在十位上? 为什么计算中要把两次不完全的积相加?"的问题有了明确的认识。一周的"私下交易"使我与他在相互接触中有了新的认识，心与心的距离近了。在交流中，我不断地发现他的闪光点"嗯，数字书写得很漂亮!""乘法口诀记得很清楚!""好极了，6 要写在十位上!""叙述还有些不流畅，但意思基本正确。""就这样学，你肯定行!"在我不断真诚地鼓励下，他终于产生了自信。"老师，上数学课，我也想发言。"孩子的眼神中闪烁着自信与期待。新课开讲时，我微笑地走向讲台："同学们，今天我们共同来研究两位数乘两位数的计算方法。"我转身板书了这样一道题 12×24=? 小 A 的手已经高高举起。开学以来，我第一次看到他这么主动，这么积极。他很快完成了此题的计算。同学们不约而同地为他鼓起掌来，我有意识地给了孩子们互相交流的机会。"你们有什么问题要向小A提出吗?”同学们七嘴八舌议论起来，小A胸有成竹地站在讲台前准备回答大家的问题。

“4为什么要写在十位上?”“乘法计算中为什么又出现了加法?”……

小A的回答令其他同学刮目相看，大家高兴地说：“小A答对了!”在同学们热烈的掌声中，他迈着轻松的步伐向座位走去，看着小A的背影，我想：为了这一刻，咱俩已经有了多少次回合，但愿这能成为你走向进步，走向成功的第一步。

“小A，你今天讲得太好了，你只要好好听讲，就能学会。”小A不好意思地点着头，在学习的过程中，他初步体验到学习数学的乐趣和与伙伴们合作的愉快。尤其是这件事满足了小A的心理需求，让他在伙伴们面前实实在在地表现了一次“自我价值”。小A变了，变得爱学习、爱思考了。小A的变化使我有了一些思考。

老师要精心创设育人环境，帮助他们建立自信。因此，教师要满怀热情地爱护孩子们的自信心，竭力保护孩子们想学习、爱学习的心愿。

许多“小事”在别人看司空见惯，我却当作“大事”从不放过。学生的每一个表情，我关注；学生的每一个举动，我留心。我利用学生身边的小事育人，教人求真：所思真，所言真，为事真，为人真。遇到了难题，都当作课题，花费心力，想出最适合孩子发展的解决办法；即使是和学生写字条、通书信、发信息等简单小事，也必须要精彩；随手捕捉的生活素材都会引入课堂，为我所用，创造了一个又一个教育契机；感动学生的同时，学生的点滴变化也感动了我，与学生一起成长。其实，我就是个普通的教师，但是心里只装着学生，而且要装的时间多一些。

学校是满足学生需要的最主要场所，学生到学校里学习和生活，需要获得自尊和归属。教师要真诚地爱每一个学生，不能歧视问题学生，班集体要形成关心理解的和谐关系，让学生在班集体中彼此尊重、共享快乐，从而满足学生获得理解的需要，主动实现师生情感融合、积极进步的愿望。我一直强调从生活中学习、在活动中学习的重要性。真正做到以“尊重、关爱、宽容”为教育原则，创设独特教育情境，引导学生自我教育。

【深度思考】

“教师在‘经营’教育生活的过程中，也滋润了自己的生命”，这是小学教师的生存方式和独有幸福。如果你的生命能在教师工作中不断得到创造、更新，那你的人生就获得了一种真意义、真价值。这时候，当教师就会成为你生命发展的内在要求，一个生命的欢乐源泉。为什么选择当教师？因为我快乐，我需要，我找到了人生意义，身为一名教师我无愧于自己的学生。这就是对自我生命的承担，这应该是教师工作的第一意义。用责任和奉献守望师爱的美丽，用执着和坚守传递温暖和希望。在辛勤的工作中感受着生命的价值，在努力编织美丽的“教育之梦”的过程中，享受着教育带来的快乐和幸福！

静待美好成长

苏顺兴

【主要观点】

在教育的漫漫长路中，我坚信，耐心地给予学生充分的关爱和支持，用鼓励与认可激励他们，唤起他们的学习热情，每一位学生都能在这样健全而美好的教育环境中，得到茁壮的成长。

【经验分享】

短暂的三年教学生涯转瞬即逝，如今迎来学生即将毕业的一年。回首过往，第一次走进课室前忐忑不安的心情，进入课室后与学生欢快地交谈的画面，总是清晰地浮现在眼前。忆起这些时光，我始终不忘“捧着一颗心来，不带半根草去”的育人初心，只为日后能有属于自己的那片桃李盛开。

我小学三年级时，第一次接触英语，对学习英语满怀期待。我依然清晰地记得，第一节英语课，进来的是位年轻且有活力的英语老师，当时她一开口就是流利的英文自我介绍，我对她的敬佩之情油然而生。那时，我心中便悄悄埋下了一颗梦想的种子，这位老师似乎就是我未来想要成为的样子，我也想成为“一朵云”，去推动“另一朵云”。十年后，我毅然选择了师范专业，是这个小小的梦想在心里萌发的开始。大学毕业后，我曾短暂迷茫，扪心自问，是否还能坚持当初的梦想——成为一名人民教师。但最终我还是坚守了最初的选择，2018 年 9 月，我有幸成为华附一小这个大家庭中的一员，从此登上三尺讲台，完成角色的转变。

这一年，我再一次走进校园，希望将自己的教育梦想播种在学生的心中，用辛勤的汗水去润泽，用充满爱的阳光去滋养，静待花开的美好。初见学生，我也自信地秀了一把流利的口语，他们却是满脸迷惑。看着他们的模样，我只好用中文解释了一遍，并表示希望认识他们，期待他们也用学过的英文进行自我介绍。此时，不少学生们眼神放光，纷纷举起了小手，并争先恐后地喊着："Let me try!"这样一场"见面会"愉快地结束了。我想这必然是好的开头，成功的开始，是能点燃他们学习英语的小火种的。然而，理想很丰满，现实却很骨感。第二节课开始，我就见识了他们的"真面目"，课上总有同学无视纪律扰乱课堂，课后总有同学偷懒拖欠作业。面对这些学生，我大声斥责，他们却充耳不闻；我苦口婆心，他们却毫无改观。当努力付出得不到收获时，我又再次陷入了迷茫，梦想的种子难道还未发芽就要被扼杀了吗?

幸运的是，我遇到来交流学习的吴老师，并邀请了这位老师来听我的课。课后，她直截了当地指出我课堂管理的问题，并且表示愿意上一节示范课让我学习和借鉴。吴老师的课堂上，没有厉声批评，同学们还是坐得端端正正的。我听到的再也不是吵闹声，而是争先恐后的发言，这井然有序而不失活跃的课堂氛围很是让我艳羡。我不禁反思，自己时常因为失控的课堂纪律，心里总是烦躁，甚至抑制不住内心燃烧的怒火。因此，我课后主动去请教了吴老师，她告诉我学生之所以为学生，是因为他们还在学，学不会的就要慢慢教，要用鼓励和表扬激发孩子的自信，要用耐心和爱心去培养孩子的学习兴趣，比如这时只要关注到他们中表现好的孩子，并表扬他们，就能很好地激发班上其他同学学习的热情。但急躁地怒吼只能获得暂时的风平浪静，要让孩子从内心真正地信服你，是需要老师从三尺讲台上走下来，蹲下身子，平视孩子，真正地从孩子的角度去思考。此外，还要多了解他们的成长需求、性格特点和兴趣爱好，发现他们身上不同的"闪光点"，鼓励他们积极表现。

我对一位学生记忆特别深刻，他是四年级班里一个特别调皮且叛逆的男孩。那时的英语课上，他时常插嘴和开小差，课后作业要么书写极其潦草，要么直接不写。面对他种种"不应该"的行为，我尝试与他谈心，他却开头一句："老师，你下学期能不教我们了吗?"这让我有些气愤，但我还是耐心地引导他，努力打开他的心扉，这才得知他之前因为偷懒，后续的学习阻力增大，成绩大幅下降，导致对英语学习逐渐失去了兴趣。于是，从那天起，我放学后开始监管他，检查他背诵单词和课文，并辅导他把练习册做错的题目进行订正，让他努力跟上其他同学的步伐。但是，因为他之前落下了太多，基础过于薄弱：读单词都需要用汉语拼出来；有时字母 b 与 d、p 与 q 还会认错和写反；今天背完的单词，第二天考查他的时候，却仿佛与这些单词成了陌生人；错题订正后再遇到还是会掉进“坑”里。如此几次下来，我开始失去了耐心和信心，有了些许抱怨和责备，更是怀疑自己还能不能帮助这颗“幼苗”茁壮长大了。

但作为滋养着祖国的花朵的园丁，我们要知道并不是每一朵花都是开在春天的，有的花可能是开在秋天，有的花甚至是开在冬天，我们需要用爱和宽容去静待花开，用激励和引导替代批评和苛责，促进孩子的进步与成长。所以，我又开始思索，我是否真正了解了他们，是否真正调动了他们学习英语的兴趣和积极性。在多次与那些同样需要帮助的“小幼苗们”交流之后，我才真正了解到他们有的是留守儿童，有的是单亲家庭，有的是重组家庭，有的是二孩家庭……这些特殊的家庭背景导致了他们缺乏关爱和安全感，所以选择用反叛行为来获取老师的关注；或者是导致了他们缺乏监管，所以养成了不良的学习习惯。为了让孩子们走出当前的困境，我耐心地引导他们展望未来，与他们共同制订学习计划，约定好实现每天、每周和每月的小目标，直至达成期末的大目标，每实现一个目标还可以得到额外的奖励。这样一来，他们就有了充足的学习动力。那位调皮的小男孩因为表现特别好，还被委以重任，成了班上的英语小组长，他肩负着这份责任感，更加努力地学习英语，成绩也得以稳步提升。看着班上的“小幼苗们”英语学习氛围日渐浓厚：课上聚精会神，踊跃发言，课后认真完成作业。我的信心回来了，相信在这片爱的土壤里，他们的根扎得更深了，向上生长的力量更强大了。

【深度思考】

习总书记曾说，一个人遇到好老师是人生的幸运，一个学校拥有好老师是学校的光荣，一个民族源源不断涌现出一批又一批好老师则是民族的希望。希望自己也能成为这样的好老师，播种下梦想的种子，用满怀爱意的阳光雨露去精心栽培，耐心地等待不同花期的花朵绽放。

不一样的你

徐伟娟

【主要观点】

教育是一门艺术，也是一门技术，作为一名教师，要用爱心、耐心、恒心来培养学生的自尊心、自信心、上进心。在教学过程中，要细心地观察、关心关爱学生，耐心地指导需要帮助的学生，才能发现学生的潜力，让成绩中下的学生更加喜欢上课，愿意学习、努力学习，才能更快地提高成绩。

【经验分享】

在家访中无意看到孩子们一二年的照片，与现在相比，他们变化很大，身高、样貌、体形都变了，有的学生变得都认不出来了。让我不禁感慨时间过得真快，一转眼我已经教了他们四年。

对于班上 40 位孩子，我基本了解了。但这个学期让我印象最深刻的是班上的一位女生，她的数学成绩一直都不是很好，最多考七十多分，大多数是不及格，但是这个学期她表现非常突出，进步非常大，期末考试竟然考到了九十多分。

她是一个很乖的孩子，上课基本很认真，她上课大多时间都会跟着老师的思路，集体回答问题时，总是能听到她响亮的回答声，而且都是对的，但是一到单独让她回答问题时，她就哑口无言。一开始，我以为她是害羞，就鼓励她“没关系的，把你想到的说出来，每个人都有自己的想法”。但是等了好一会她还是不太愿意说。于是下课后，我把她叫到我的办公室跟她聊，我说：“老师看你上课非常认真，老师的问题你都能在下面说出来，所以老师想让你给班上的同学讲讲你的思路，能告诉老师是什么原因导致你不愿意说吗？

看看老师能否帮助你?”

过了好一会她才说：“我害怕回答错误，班上的同学会取笑我。”我就跟她说，老师能理解你的心情，你也不要太在意其他同学的看法，每个同学都有可能会答错，即使再厉害的同学也会有答错的时候，所以这是很正常的事情，你只要把你的真实想法说出来，如果错了，你就认真听听正确的想法是怎样的，怎么去思考这道题，这样你才能更好地掌握知识，提高自己的语言表达能力，成绩才能提高上来。同时，我也对班上的同学进行了教育，从此，我们班基本没有再出现这种情况。

四年级第二学期开学的第一个月，她上课非常认真，也能大胆举手发言，说出自己的想法，而且非常积极，每个问题她都举手，看到她这么积极，我都忍不住要多给她几次回答的机会。我真的为她的上课状态感到很高兴，在班上和私下都表扬鼓励她继续努力。在第一单元测试中她取得了八十多分的好成绩，看到她高兴的表情，我为她感到自豪。从这时开始，她对数学学习有了较高的兴趣，有不懂的题也会问老师。

一直持续到前四个单元的测试，她的成绩都是八十分以上，甚至第四单元的测试拿了 100 分。但到了第五单元难度较大一些，她上课状态没那么好了，有时发呆，也不那么积极举手回答问题了，成绩出现了很大的下降，考了不及格。我私下找她了解情况，她说用字母表示数这方面内容，很多不太理解，于是我就课后给她再次讲这部分知识，再给她几道练习题。课堂上，有涉及这方面的问题，我就多给她机会去回答，慢慢地她掌握了大部分知识。

让我感到惊讶的是，在期末模拟考试中，她没有考到较好成绩，只考了六七十分，自己也很不开心。第二天课后时间，我把她叫到我的身边，问她：“期末模拟卷的错题你都弄懂了吗?”她说：“还有几道题不会。”于是我就给她讲解那几道题，然后再让她把其他错题的正确思路讲解一遍，并安慰她不要灰心，只要认真复习，把错的题弄懂，把老师布置的作业弄懂，期末肯定能考出好成绩的，继续努力，有不懂的一定要多问。

果然，她期末考试取得了很好的成绩，考了九十多分。她自己很惊讶，也很高兴。真是功夫不负有心人！努力的方法也很重要，只有方法对了，才能更快更好地取得成就。

作为教师一定要多鼓励孩子们，尤其是比较内向、胆小、自卑的孩子，多一些耐心，多一些关注，多一些帮助，多表扬，多与他/她交流沟通，这样可以让他们对学习更有信心，也会更喜欢上这门课，长期如此，他们的成绩自然而然就会有所进步。

【深度思考】

爱是教育的灵魂，没有爱就没有教育。作为一名教师，要以仁爱之心开启每一名学生的心灵之门。每个学生都是独立的个体，都有不同的个性特征，只要我们针对不同的学生采取不同的教育方法，还有足够的爱心、耐心、恒心、细心，我相信不同的学生都会得到成长。

润物细无声

骆　颖

【主要观点】

握一支粉笔，传孔孟老庄学问；站三尺讲台，授韩柳李杜诗文；颂百家之经典，吟古今之绝唱。有人说，教师像一支蜡烛，照亮了学生，耗尽了自己；有人说教师像一排阶梯，承载了学生，磨平了自己；有人说，教师像辛勤的园丁，哺育了学生，奉献了自己。是的，正是因为那么多教育者恪守职责，教育学生，在这三尺讲台上无私奉献自己的一生，才有了这琅琅读书声，才有了如阳光般灿烂的笑脸，才有了遍地开满的桃李。

【经验分享】

夸美纽斯说："教师的职业是太阳底下最光辉的职业。"我出生在教师之家，小时候听到太多太多感谢和赞美祖辈父辈的话语，对教师这一职业我是怀着向往和崇敬的，因为我总能在升旗台上一眼就看到爸爸，比在家还容易。爸爸妈妈真的是太忙了，多数时间都在学校，他们总说："爸爸妈妈还有很多孩子需要照顾，你要学会独立，自己的事情自己做。"我也只能懵懵懂懂含泪看着他们离开家，而外公明明到了退休年纪了，却依然把学校当家，家长们总能看到白发苍苍的老者在校园忙碌的身影。

孩童时的我，固执地认为"学校"抢了自己的家人，因此一直十分抗拒上学。到了适龄年纪，总找各种理由不去上学，愁坏家里人，一度以为我离经叛道，要成为家里的学渣。直到我上五年级那年，我与父母一起去逛集市，难得的亲子时光让我倍感珍惜，爸爸也给我买了漂亮的小粉裙，夸我是最漂亮的小公主，回家的时候爸爸让我和妈妈坐公车回去，他锻炼锻炼，步行回家。余晖斜照，原本伟岸的身躯竟有些驼背了，我瞬间想起语文书上学习到的课文，朱自清先生写的《背影》，在公车上默默抹眼泪，其实我都懂，当时那个年代的教师工资并不高，我们家并不宽裕，爸爸是为了节省车费才选择走路的，我的心像针扎一样，那一刻我似乎释怀了，不再抗拒学校，因为这是爸爸热爱的地方，我也要努力才行。长大后，越发理解到父母鲜花背后的辛酸，外公终于能放下他牵挂一生的教育事业，静静地躺着休息。我多么希望能再看他伏案批改作业，多么希望能再听到他的谆谆教导！外公去世那天，他的学生纷纷赶来悼念，他们中有政界的、有商界的、有人民教师……而我的父母鬓角已经发白，银发也悄悄出现，腰身也不再挺拔，甚至步履也有些蹒跚。我多么希望时光慢些，让我的父母慢些老去。而现在，我也成为一名人民教师了，我理解了父母对我的爱，对学生的爱，对工作的奉献，那种润物细无声的情怀。

一个光荣的人民教师，用爱给学生铺一条光明大道，给他们指明方向。犹记得第一天走上讲台，学生拉着我的手，小心翼翼地问："老师，你会教我们一生，永远永远不离开我们吗？"看着他们清澈、渴望的眼神，我毫不犹豫地答应了他们。我知道，我这一生不管多么艰辛，我都将奉行这个承诺，做一盏灯，陪伴他们、引导他们。我想，这就是教师油然而生的职责感和使命感吧。

法国作家罗曼·罗兰说："要撒播阳光到别人心中，总得自己心中有阳光。"广东夏天的雷雨，总是说来就来，倾盆而下。那天早晨，一个学生淋雨来上学并且迟到了，湿答答的站在门口喊报告，其他学生都紧张地看着我，生怕我大发雷霆，我没有出声，走出教室门去和隔壁的教师借了风筒，一点一点给这个迟到的学生吹干头发和衣服，让他回座位开始早读，我用我的目光巡视了全班，严厉地说："身体是革命的本钱，不要随便去伤害自己，好好照顾自己，倘若你生病了，父母会着急，老师会着急，所有关心你的人会着急，这么大了，自己该做什么事，不该做什么事，你自己还不明白吗？"教室里鸦雀无声，我以为是我的严厉吓到了他们。没想到，下午班会课的时候，我刚走进班级，学生们集体起立，给我敬礼，齐唱班歌，把他们写给我的"保证书"和"爱的礼物"一一交到我的面前。那一刻，我热泪盈眶，有一种我的孩子们都长大了的欣慰感，他们开始懂事了。我只是做了一件小小的事情，就在他们心中发了芽，他们感受到我对他们的严厉是因为我爱他们，他们相信我是爱他们的自然就回馈了我。我把爱心奉献给他们，他们变成小太阳温暖了我。

从那之后，我们班用爱来命名，学生自然也就听得进去老师“言”，就连几个比较顽皮的学生都不好意思给班级拖后腿，努力地为创建“优秀班集体”荣誉称号增砖添瓦。渐渐地，我在他们心中不仅仅是教师，在课后褪去了教师的威严，他们更愿意和我分享他们的小秘密，他们更愿意向我倾诉他们的烦恼，天南海北，他们都愿意和我聊。这应该就是教师的职业魅力了吧，用自己的行动给学生做了榜样，教会他们如何去爱，如何和别人相处，从而实现了从“威严”到“威信”的角色转变。

除了爱，尊重也是不可或缺的。期末的时候会有各种评优活动，记得自己以前读书的时候，三好学生、优秀班干部什么的都是老师直接选出来的，而我当了老师，就会专门利用最后一周的班会课，让想要竞争的学生上台发言，说说自己为班级做了什么事，陈述自己为什么能获得这个称号，总结自己这个学期的成果，最后全班投票选出优秀的学生。这样，给了每一个学生公平竞争的机会，尊重了全班的学生，他们也选择出了最优秀的代表，从小培养了他们公平公正的意识，践行了社会主义核心价值观的内容，也让他们切身感受到小公民这个身份，感受到他们是被尊重的，所以在平时，不管在校内还是校外，他们见到我，都会亲切地和我问好。

小学生的世界是纯粹的，如同一张白纸，很容易就被影响了，不论好的坏的，他们都接受很快。作为教师，我们肩上的担子就更重了，责任就更大了。我们要做个优秀的绘画师，让学生的学习和生活变得五彩斑斓，积极乐观向上。

【深度思考】

所谓教育，它真的不是简简单单一句话，它是一份长期的坚守，似乎告诉学生，孩子别怕，老师一直会在原地等你；它是一份崇高的信仰，似乎告诉世界，教师不仅是一个职业，更是我用一生来完成的事业；它是一种情怀，与家与国不一样的感情，这是我们的使命，让我们不断追寻，为之奋斗。

做一名眼中有光、心中有爱的老师

吴　倩

【主要观点】

2014 年 9 月 1 日，我走上三尺讲台成为一名老师，懵懵懂懂中又做了班主任。走上讲台时，我兴奋中有些激动，激动中带着些许紧张，看着讲台下那些好奇而又天真的孩子，开始了教书育人的生涯，对于未来，我充满了期待……

2015 年 9 月 1 日，不知不觉，我已经当了一年的语文老师和班主任。从刚开始的诚惶诚恐到自信满满，一年来感受到了自己的成长与变化，也收获了来自学生和同事的真诚、信任与感动，让我觉得生命中一切相遇都是最好的安排……

2022 年 9 月 1 日，恍惚间，已经是我教学生涯的第九个年头了，九个春秋，许多故事，我也从一个初出茅庐的懵懂青年教师成长为有一定经验的教师，对教师这个职业有了一些认知，也引发了我更多的思考：关于老师，关于学生，也关于自己，还有更多的是如何去做一名老师，未来的路该怎么走呢？

依然清楚记得母校的校训“勤教力学，为人师表”，脑海中历历在目的是校长对我们的谆谆教诲：“努力做一名眼中有光、心中有爱的老师。”时过八载，对于“勤教力学，为人师表”和“努力做一名眼中有光、心中有爱的老师”，我一直身体力行着，也收获着成长的喜悦和感动，这一路上的喜悦和感动也成了我勇往直前的力量的源泉。

“教师是人类灵魂的工程师”，社会上经常拿这句话来称赞教师，足见教师这一职业于人类的分量。《礼记》中写道：“经师易得，人师难求。”老祖宗认为老师分两种，即经师和人师。所谓经师，就是指教书本上各种知识的老师。我们从师范院校毕业上岗，术业有专攻，成为一名传道、授业、解惑的经师。那么“人师”是什么呢？我们能做一名“人师”吗？

南怀瑾先生说用自己的行为、品行、言语影响学生，有道德、有品性，一辈子给孩子们效法，这叫“人师”。也就是说，在思想上启迪学生，教学生做人，对学生人生有影响的老师，即为人师。新时代，习总书记对教师工作提出了一系列要求，做“三个传播者”“三个塑造者”“四个引路人”……作为培养未来人才的教育工作者，其知识结构和道德水准，愈来愈成为受关注的焦点，“做一名眼中有光、心中有爱的老师”应该成为新时期淬炼师德师能，践行育人使命的建设主题。

【经验分享】

刚踏上讲台教书的时候，我担任一年级班主任工作，班里有个小男生幼升小，刚入学，机灵淘气，规则意识差，生活习惯较差。父母极其忙碌，早出晚归，在区外工作，很少和孩子交流，孩子被托付辅导机构管理中饭和晚饭。刚开学的时候，我一直在强调一些行为习惯的要求，大部分同学都能维持三五分钟左右的课堂纪律，循序渐进，每天都会有一些小进步，这是值得欣慰的。但是这个小男孩儿比较特立独行：坐不端正，干脆整个人趴在桌子上；我不允许把书包放桌面上，不准拿铅笔盒放在桌子上玩，这个孩子不仅玩橡皮擦，还直接趴在课桌上睡着了。和他讲道理，全然不合作，他说：“哎呀，我累啊，困死了！”真是小顽童，油盐不进，课堂上依然我行我素，该玩玩，该睡睡。

其间，我和孩子的爸爸反映过问题，孩子的爸爸表示很无奈，因为工作的关系，甚至连周末都没有时间陪过孩子，平时都是扔给托管中心看管，而母亲，更是远在外省，只有逢年过节才聚在一起的。我知道，凡事不能操之过急，不然适得其反。我一边暗中观察，看看这娃儿究竟是何方神圣，思考我该采取什么方法“收服”他呢？同时一边做爸爸的思想工作，让爸爸意识到陪伴孩子成长的重要性。正如马克思所言：“还有什么比父母心中蕴藏着的情感更为神圣呢？”同理，对儿童而言，还有什么教育比家庭教育更为有效呢？

我和家长沟通整整两天，引导家长如何在日常生活中培养孩子的规则意识，如何遵守纪律不扰乱公共秩序，我明确告诉家长：“孩子从不听从大人的话，孩子只是在模仿大人。”家长似乎也明白了家长角色和孩子习惯养成的重要性，改变工作作息，早点回家，和孩子一起吃饭一起读书。

一天、两天，我发现这孩子上课还是会听讲的，而且反应敏捷，虽然没有按老师的要求举手回答问题，但每次脱口而出的答案都很正确。于是我顺势就叫他再规范严谨地回答一次，趁机表扬他：“哎呀，你真聪明，这个答案和老师想得一模一样，你的声音很好听，我能再听一听你的声音吗？不过，如果你能够坐端正一点儿，把书包放好，你就是我们班最棒的！”果不其然，孩子都喜欢被表扬，得到认可。这家伙坐得笔直笔直的（虽然保持不了几分钟，但稍一提醒，他居然能够听话立刻坐好）而且，每次都会提前拿好书本等着我来上课。

一天、两天，我发现孩子温和了许多，积极和我交流起来，其中很多都在表达爸爸陪伴他的开心。我及时地和孩子爸爸反映孩子的情况，指导家长陪伴孩子并肯定了这带来的效果。有天，这孩子送了我一张可爱的小贴纸，郑重其事地对我说：“吴老师，这张贴纸送给你，你觉得谁听话就送给谁。”我说“好啊，谢谢你，我一直在想着怎么奖励乖孩子呢！你真贴心。”说完，这孩子居然就跑了。还是个害羞腼腆的孩子。下课后，这孩子又来强调这件事——你可以用贴纸来奖励乖孩子。于是，我第一个用贴纸来表扬这孩子。慢慢地，这孩子合群起来了，积极和大家分享他的生活，和老师也积极主动交流起来。看到孩子慢慢地变得积极阳光懂事，我心里很是欣慰。

【深度思考】

是的，眼中有光，才能发现闪光点；心中有爱，才有教育。老师，凭什么让学生尊重你？夸美纽斯认为，师长就是要无限地热爱学生，就应该是德才兼备的君子。眼中有光、心中有爱地去理解和尊重学生，学生亦会尊重老师。南怀瑾先生说：“教育只是一个增上缘，老师尽量帮他，培养他，使他依靠自己的禀赋站起来，这是教育的目的。”不是每一片海都有鱼，不是所有的鱼儿都适合在海里游，所以，老师对待学生，尤其是顽皮学生，不要苛刻，而应该做一个和气的人，一个值得尊敬的人，一个堪为师表的人。老师对学生恰当适宜的批评，会是激励；过度的批评，则成为打击、伤害，甚至还会导致逆反。我们要成为经师，更要成为人师。在思想上启发他，助其树立正确的人生观、价值观、世界观，做一个阳光的人。老师，凭什么让学生尊重你？给鱼儿一片广阔的大海，任其愉跃，给鸟儿一片无垠的蓝天，任其扶摇。在日常生活的教育工作中，我们应把握批评的度，变“忠言逆耳”为“忠言悦耳”。加德纳的多元智能理论也告诉我们，任何学生都有其优势智能领域，三人行，必有我师焉。作为教师，我们应该有教无类，但是不要教鱼爬树，不要强迫鸟儿游泳。眼中有光，发现孩子的闪光点，才能扬长补短，好孩子是“帮”出来的，有爱就有教育。

站在时代的前沿，未来的路还很长很长，作为师者，我们应该淬炼师德师能，践行育人使命，坚定地为建设社会主义现代化强国、实现中华民族伟大复兴的“中国梦”贡献力量，我们亦该宛如灯塔，爱国奋斗、爱岗敬业、勤教力学、与时俱进、为人师表，眼中有光、心中有爱照亮孩子一方山河。苍苍云山，泱泱江水，先生之风，山高水长。老师，不仅是一个称谓，更是一种修为、一份星火。做一个眼中有光、心中有爱的老师，用美好的年华陪伴孩子们成长，彼此都在教育的过程中获得生命价值，享受教育最大的快乐与幸福，相信未来可期！我亦愿意坚定做一个眼中有光、心中有爱的班主任！

孙小跳的“小”愿望[①]

江澎湃

【主要观点】

德国哲学家雅斯贝尔斯在其著作《什么是教育》中提道：“教育的本质意味着，一棵树摇动另一棵树，一朵云推动另一朵云，一个灵魂唤醒另一个灵魂。”我们作为老师在为孩子们创设美好教育的同时，也应该在教育中和孩子们共同成长，和孩子们共享教育的美好。

【经验分享】

那是一个班会课，我拿着一大沓彩色纸走进了教室。班级里的“调皮大王”孙小跳看到我走进教室，才不慌不忙地从教室最后面溜回座位。我瞟了他一眼，将本想说出口的批评忍住没说，先把首要任务布置了下去，“同学们，今天我们完成心理老师的任务，老师待会发一张彩色卡纸，大家把自己的心愿写在上面，然后叠成千纸鹤上交。”

一听到这个消息，有的同学兴奋不已，有的同学开始交头接耳，有的同学已经开始请教“高手”如何折千纸鹤，还有几个同学抓耳挠腮，不知如何是好，孙小跳便是其中一个。“老师，千纸鹤咋叠啊?”孙小跳直接冲上讲台问道，“我不会啊!”我看着他，微笑着说：“叠千纸鹤很简单的，你可以请教同学呀。”“那我可以不叠吗?”“当然不行，这么简单的任务，人人都要做。”我一脸严肃地说：“如果这点小事都学不会、做不好，怎么成大事呢?”孙小

---

① 本文后改编为心理情景剧剧本，荣获大亚湾区校园心理情景剧一等奖、惠州市校园心理情景剧一等奖。

跳听完我的话，悻悻地回到了座位。我把彩色纸发下去之后，大部分同学都兴致勃勃地开始了自己的任务，先想好心愿，然后拿起笔在纸上工工整整地写好，有些同学还用手把纸捂起来，头凑近桌子，小心翼翼地写，生怕自己的心愿被同学看见。

“老师！”就在大家都专心致志叠千纸鹤时，孙小跳又有了问题，“老师！心愿是什么啊？”我走近他的座位说：“心愿就是愿望啊，大的、小的、现在的、未来的，想要实现的愿望都是心愿。”

“我没有心愿，可以不写吗？”他笑嘻嘻地问。“怎么可能没有心愿呢？你赶紧写吧，待会你还要请教别人怎么叠千纸鹤呢！”我不自觉地提高了嗓音，言语之间有不可拒绝的压力。

孙小跳左顾右盼，看到其他同学几乎都写完了心愿，已经开始叠千纸鹤了，他拿着笔，不知道写什么好。不一会儿，有些“高手”率先完成了，小心地将千纸鹤放到我指定的篮子里。反观孙小跳，整整一节课还完成任务。

“还没完成的同学，今天下午放学之前一定要完成，然后交到这个篮子里。”我指了指放在讲台上的篮子。

时间过得飞快，一眨眼就到了下午放学的时间，我上完最后一节课，顺便询问同学们是否都完成了叠千纸鹤的任务，每个同学都骄傲地说完成了。只有孙小跳缓缓地举起了手，“老师，我还没完成……”

“你为什么还没完成。”我质疑地问道。

“我不会叠……”他的眼神有些闪躲。

“你有去请教别人吗？”

“我有看他们叠，但是我自己的没叠好。”

“光看怎么行呢！你得拿着你的纸和别人一步一步学啊！”

“老师！我学了，可是他们都藏着掖着，生怕我看到他们写的愿望！”孙小跳有些委屈，“他们说：‘愿望被看到就不灵了。’”

我心想，这个孙小跳下课一定是和以前一样贪玩去了，把任务抛在脑后。我越想越生气：“算了！你别叠了，不用交了！”说完就让孙小跳把彩色纸交上来。

孙小跳涨红了脸，慢慢地从座位上站起来，手里攥着那张折了好多道折痕的彩色纸，我用手接过那张彩色纸，那张纸暖暖的、湿湿的。我不禁摇头，心想：“这孩子，半天时间，一张纸弄得皱巴巴的，还没完成任务。”我顺手把那张纸放在了语文书里，随后结束了课堂，夹着书走出了教室。

这张彩色纸一夹就是好几天，突然有一天，我的语文书不小心掉到了地上，飘出了一张彩色纸。我疑惑了，怎么书里有一张彩色纸呢？我打开一看，映入眼帘的是两行涂涂改改、歪歪扭扭的字。我看着这两行字，久久说不出话来。

那皱巴巴的彩色纸上写着："我的愿望是：希望同学们的愿望都实现。"

【深度思考】

我们常说要用发展的眼光看待学生，但是在教育的实践当中，有时会不小心忽略这一点。我们要坚信，学生是发展中的人，学生是会成长和进步的，我们老师一定要把严格要求学生和尊重信任学生相结合。每个学生都是独特的，在发展过程中会有不同的特点。面对学生，老师不能以权威自居，只有平等民主地跟学生交流，了解每个学生的特点和个性差异，才能做到有的放矢，因材施教。

第三章　方法为本

“双减”背景下学生习惯培养新探索

骆君瑶

【主要观点】

教育，就是一个引领学生成长的旅程。班主任是一个班集体的组织者、教育者和指导者。在学生的成长过程中，班主任起着引导的作用，对学生的身心健康发展影响重大。班主任通过创造性辛勤劳动，把班级培养成良好的班集体，使每个学生在这样积极向上的集体中生活、学习，并养成良好的学习习惯、行为习惯、生活习惯，健康成长。

【经验分享】

“双减”政策的重磅出台，标志着义务教育改革迈出了一大步，势必引导教育职能从社会真正地回归校园，回归传统教育阵地。作为班主任，我们不仅仅是一名教师，是一个班级的组织者和管理者，是班级管理的核心，更是孩子前行道路的指路灯。“双减”是为了减轻孩子过重的学业负担，而并不是减轻我们的责任。我们的责任是育人，而这显然要比教知识更为重要。针对“双减”背景下如何培养学生习惯的问题，我进行了新的思考与探索。

一、成立互助小组，培养学习习惯

班集体中学生的学习氛围会随着班级文化的强化不断加深。在每节课的课堂教学开始之初，我习惯会将本节课的内容和学生一起确定好，让每个学生都能清楚了解本节课要和老师一起完成哪些任务，达到哪些学习目标。与此同时，学生也明白学习任务是需要和老师一同配合完成的事，并不是老师一个人的事。这样一来，学生的课堂主人翁意识也随之加强了，学习效率自然也提高了。

进入四年级以后，我开始在班上实行小组互助的学习模式。开始只是在语文学科进行试验，后来英语、数学和其他学科也都加入。学习小组的建立，起初是为了解决班上收作业的问题。在此之前，我们班级收作业的情况总是拖拉、缺漏不齐，有时候甚至到中午放学时间，小组长们才姗姗来迟地把作业抱来办公室。为了提高收作业的效率，我把小组的数量从原来的 6 个增加到 9 个，小组成员的人数减少到每个小组 4 至 5 人。同时，小组由 3 个不同成绩段的学生结对在一起，并以《西游记》师徒取西经为原型，给每个小组成员起名为“师父”“师兄”“徒弟”，这让学生对结对小组很感兴趣。

小组成立以后，除了作业收发，组员之间还要互相帮助，共同完成课堂任务，相互促进进步。此后，除了个别没能按时完成作业的学生，小组收发作业的效率有了很大的提高，甚至有的时候各小组之间会暗自比拼，比一比谁是第一个交作业的小组。课堂结束后，负责任的“师父”会督促组员的学习任务、作业的完成，检查组员课堂听写、背诵的情况，“徒弟”有了小组成员的帮助，也更积极地配合“师父”“师兄”，减少了独自学习的惰性和无力感。小组互助进行到第二个学期时，各分数段的学生在基础知识的掌握上更扎实了，学习成绩有了明显的提高。

随着小组结对学习模式的开展，我们的班干部队伍也变大了。班干部的建设也是我在班级管理工作中的重中之重。除了平时的班级日常管理，我还将重点放在了给每个小组的“师父”“师兄”“徒弟”分层分批开会。在小组结对过程中，有“师父”苦恼，“徒弟”偷懒、不听话，无计可施；有“徒弟”生气地跑来向我告状，诉说“师父”不理解等问题。俗话说“授人以鱼，不如授人以渔”，开会时除了传达他们在小组中身份的重要性，鼓励他们积极对待，更注重教授他们学会鼓励、尊重、理解同伴，教授他们共同把学习任务做好。学生在小组中有了被需要的感觉，各司其职，这样一来，就帮助他们解决在小组结对中各自遇到的不同问题。小组结对让学生在不同的学习活动中更加团结，不管面对任何问题，他们学会了换位思考，商量着去解决问题。我想这也是小组结对给他们带来的巨大收获。

二、采取多种方式，培养阅读习惯

（一）营造书香氛围

读书是需要氛围的，营造读书氛围对于激发学生读书兴趣有着重要的作用。我们学校每个教室里都设置了一个“图书角”，再通过竞选，选拔出真正爱书的两名学生担任图书管理员，负责图书的保管和使用，并制定班级图书借阅制度。每学期，我都会从学校图书馆借两百本书，每天中午由班级两名图书管理员把书发给学生，让学生人人一本书，他们有空就可以翻一翻，看一看；下午的课后服务，学生写完基本的作业后，我们在班里安排了每天二十分钟的阅读时间，学生可以自由阅读喜欢的书籍，并做阅读摘记。下午放学以前，班级的两名图书管理员又把书收起来放到图书箱里。学生手里有书了，只要有空闲就读书，大大减少了在校园内追逐打闹的时间。学生能静心读书，既增长知识，陶冶情操，又减少了同学之间的一些不必要的争端。这学期以来，我班学生的行为习惯也有很大的转变。

（二）建立激励机制

孩子们天生就具有竞争意识，我们可以通过一定的评价措施来激发他们这一意识。每期黑板报开辟“好书我推荐”“读书之星”“名人与书”等小栏目，教室墙壁上还可以设置“美文欣赏”“读书感言”等板块，并制作一些名人名言进行宣传，无形中引导学生爱上阅读。对阅读活动中表现突出的孩子及时给予肯定，进行表彰奖励，以提升他们的阅读热情。孩子们在激励下，开始阅读；在与同学互相影响中，喜欢阅读；在获得成就感后，爱上阅读。

（三）开展亲子共读

一个孩子的健康成长离不开家校共育。班级的读书活动也要得到家长的大力支持，家长热情地为孩子选书买书，还一起参与亲子共读活动，利用休息时间与孩子共同读书，进行交流和讨论，使得孩子更有信心和兴趣把书读好、读完。平时不读书的父母也会抓紧时间读书，亲子共读在改善亲子关系的同时也能为孩子营造良好的家庭阅读氛围。

三、牢抓个人卫生，培养卫生习惯

在班级管理中，我特别注重学生卫生习惯的养成。成功往往降临在那些善于把握细节的人身上，一个能在个人卫生细节上处处留意的孩子，一定也会将这种谨慎和负责体现在生活的方方面面。除了定期在每周五设定时间要求学生整理抽屉，将个人物品摆放整齐，自己的物品做好标记，我还会在每次劳动课后布置在家整理书桌和床铺的家庭劳动作业，让学生树立劳动意识，养成定期整理的好习惯。定期整理带来的好处是做事井井有条，有秩序。这种影响对孩子们而言是潜移默化的，是深远的。

经过仔细地观察，我发现那些衣着整洁的孩子往往比衣着邋遢的孩子更有自信。许多家长因为自己忙于工作，疏忽了对孩子的照顾，导致孩子的个人形象欠佳，未经梳理的乱糟糟的头发、有污渍的衣服、布满褶皱的外套再加上发黑的红领巾，一个无精打采的孩子便出现在眼前。在班级里，我多次开展卫生教育主题班会，强调卫生习惯的重要性，希望孩子们通过重视自己的外形来提升自己的精气神，做一个充满朝气的小学生。学生有了自信，上课状态好了，课下更活泼了，心理更健康了，这是个人卫生的提升对孩子的隐性作用。

四、依据年龄特点，培养劳动习惯

小学生生性好动，集体荣誉感强。为了树立班级主人翁意识，我们班级的卫生工作采取了轮流值日的方式，每天会安排一个小组（四至五人）负责。除了打扫课室以外，每天还要负责包干区的打扫。“双减”政策实施以来，放学的时间推迟了，一定程度上影响了每日放学时间的值日打扫。于是，我在班上安排了一次讨论会，让孩子通过平时的劳动和观察，集思广益，想出一个既保证干净整齐又节省时间的打扫方法。每个小组积极响应，热烈讨论，绘制打扫线路图、制作人员安排表。最后由全班选出最适合的打扫方案，并落到实处。讨论会让学生发现值日工作中存在的问题，并主动寻求办法去解决问题。通过“如何打扫卫生”讨论会，让学生从“要我做”变成“我要做”，既在态度上发生了积极改变，也给学生们灌输了卫生意识，在平时的课堂和课间里，课室卫生保持得更好了。

“双减”政策实施后，要求作业设计要符合学生的年龄特征和心理规律，作业的形式多样化，做到“少而精，精而有趣”。在日常教学中，我也关注到了生活技能培养的重要性。利用周末时间，我会布置一些生活技能体验作业，如“今日我当家”家务分担体验、“挑战鸡蛋的 100 种做法”厨艺体验、“落花生”种植体验等，让学生完成学科任务之余，多关注生活，学习生活技能、培养生活情操。

【深度思考】

孔子曰："少成若天性，习惯成自然。"想要有效落实"双减"政策，提高课堂效率，营造健康的学习氛围，学生的习惯养成是班主任工作的重中之重。好的习惯源自日常的点点滴滴，班主任需要有一双善于发现的眼睛，抓细节，抓日常规范，抓住每一个教育契机；班主任更需要有一颗有温度的心，让学生真切感受到你对他们的关爱，让教育的意义延展到学生的一生。

小学英语游戏教学策略分析①

孙　璟

【主要观点】

如何提高小学英语课的教学效率，使小学英语课堂充满活力是广大小学英语教师共同关心的问题。由于小学生生性活泼、好动、好奇、好玩，在课堂中适当融入游戏能充分调动学生的积极性。本文在分析日常游戏教学的主要形式外，重点探究了游戏教学的实施原则和策略，以期能更好地指导课堂中的游戏教学。

【经验分享】

将游戏融入英语课堂教学中，寓教于乐，能使学生感受到英语学习的无限乐趣，从而激发学生英语学习的兴趣，学会英语，学好英语。但目前，英语游戏课堂的教学模式尚未成熟，许多教师仍未领悟到课堂游戏的精髓，没有真正发挥课堂游戏教学的作用。因此，教师应该不断更新以往的教学模式，深入探索游戏教学的精髓，从而提出更多行之有效的教学模式。

一、小学英语游戏教学的主要形式

游戏教学种类繁多，分类方法也各异。按照小学英语语言学习的特点，结合人教版小学英语课型特点，游戏教学的主要形式可以分为：单词游戏教学，句型游戏教学以及对话语篇游戏教学。

---

① 此文曾获 2018 年大亚湾区教育教学论文一等奖，并收录《探索学科育人之路》上。

(1) 单词游戏教学

常见的单词教学游戏有：大小声读单词（high and low voice)；开火车读单词（take a train)；闪卡读单词（flash cards)；金手指读单词（golden fingers)；缺了什么读单词（what's missing)；打地鼠读单词；Bingo 听单词连线，给单词找家分类单词以及单词接龙输出单词等游戏。

例如，在运用大小声方法教单词 eraser 时，可以让学生故意跟老师“作对”，老师读大声时，学生读小声，老师读小声时，学生读大声，老师不断变换音量，可以抓住学生的注意力，同时也引导学生多次读单词，增加趣味性。

开火车读单词是可以短时间点到多个学生读单词的很好的游戏。比如在教授新单词 pencil 时，要检测每个学生发音是否正确，请学生们按顺序自己一个个站起来读 pencil，省去老师点名时间，非常高效。

Bingo 听单词连线，通常是在一个 3×3 或 4×4 的表格中进行，每个格中有一个单词，老师随便说出 3 个单词，如果三个单词正好连成一条线，学生便拍手喊道“Bingo”！这个游戏使学生集中注意力听老师说单词，并观察单词作出反应，可以锻炼学生的综合反应能力。

单词接龙游戏，通常是老师给出一个单词，比如 elephant，学生说出以这个单词结尾字母 t 开头的单词如 tree，后面的同学依次接上 egg。这个游戏能激发学生思考，迅速回忆起以前学过的大量单词，也适合小组之间的竞赛。

(2) 句型游戏教学

句型游戏主要有：贪吃蛇；一气呵成；诵读韵句；歌曲操练；创设情景游戏等。在句型操练中加入上述游戏，可以避免重复简单句型带来的枯燥，同时可以活跃课堂气氛，提高学生学习积极性。

贪吃蛇的游戏是师生共同配合说句子的一个游戏。例如教师在教授句型“I had a cold last night”时，首先带读一遍句子，学生跟读，然后教师逐步省掉句子成分“I had a cold…”学生补充“last night”，教师带读“I had…”，学生补充“a cold last night”。这个游戏在操练较长句型时比较适用。

一气呵成游戏是一种既能克服学生厌读心理又具有挑战性的句型操练方法。例如在教授“What can you do?”及其回答的句型时，可编成以下韵句：

Basketball, basketball, I can play basketball.

What can you do?

Volleyball, volleyball, I can play volleyball.

What can you do?

韵句虽然没有旋律，但因为句子本身比较押韵，所以读起来没那么枯燥，比较顺口。

歌曲操练，曲调优美，旋律和谐，学生耳熟能详。通过编唱歌曲学生不仅能操练句型，还能准确掌握语音、语调。例如，小学低年级学生在学习打招呼问候语“How are you?”时很难记住这句话及其回答，把它编成歌谣的形式后，就琅琅上口，易学易记了！

此外，进行歌曲操练游戏时给一些旧曲子谱上新词，随着歌曲的旋律，学生便能唱出所学句型，也很高效有趣。

创设情境游戏在高年级的运用尤其广泛。教师巧妙地设计情景，让学生在一定情景中运用句型交际，学生便能更好地感受所学句型的运用场合和意义。例如在学习四年级上册“Where is the…?”的句型时，把教室布置成一个微型街道，教师发给学生一张表示某一地点的单词卡片，让学生去问路上的“行人”“警察”等，从而到达目的地。在这一情景中，学生能充分发挥创造才能和语言才能。

（3）语篇游戏教学

语篇游戏教学分为对话游戏教学和短文阅读游戏教学。对话游戏教学，最常用的方法是角色扮演，通过让学生上台扮演不同的角色，把对话内容生动、直观地展现出来，这种互动性的活动学生非常喜欢；短文阅读游戏教学，最常用的方法是根据短文内容，让学生比赛复述故事，学完后让学生用简单的话复述故事，能锻炼学生的语篇组织能力。

二、小学英语游戏教学的实施原则和策略

（1）游戏的组织要有秩序

小学生生性活泼、好动、好胜心强，在进行游戏时很容易兴奋、激动、忘乎所以，从而造成混乱，严重影响教学效果。因此，在开展游戏教学前，教师应讲清楚课堂规则和游戏要求，以保证游戏开展时，课堂能有条不紊、活而不乱，使学生可以在欢乐的气氛中高效学习。

（2）游戏本身要有趣味性

游戏本身充满趣味，学生才能被吸引。因此，在设计英语课堂游戏时可以结合音乐、借助竞赛、融入 TPR 全身反应法等方式全方位、多角度调动学

生，同时，游戏情境的设计如果能与课堂语言中的重难点自然巧妙融合，更能达到意想不到的效果。

（3）游戏的设计要有目的性和合理性

教学中游戏的设计是为了服务课堂教学，因此在设计时应关注教学中的重难点，并将其与游戏自然融合，从而进行有目的的教学。同时，游戏教学还应注意游戏安排的合理性，其中包括游戏的量、游戏进行的时间，和游戏开展的形式等。教师应综合考虑上述因素，设计恰到好处的游戏，使教学可以高效地进行。

总之，游戏教学是目前小学英语课堂教学中的一种重要手段。游戏教学不仅可以增强课堂的趣味性，还能开发学生的思维能力。游戏教学要求学生积极主动、共同参与，突出了学生的主体地位。教师在进行教学过程中应充分利用游戏教学，激发学生学习的积极性，提高课堂学习效率。

【深度思考】

教学有法，教无定法。游戏教学法只是小学英语课堂中常见的教学方法之一，除此之外，情境教学法、动作教学法、活动教学法、自然拼读法也很常用。对于每节课的设计，可以巧妙创设情境，融入游戏，设置活动，关键要结合教材内容，结合学生的学情，以学生为中心，整合设计，适合学生的才是最好的。

聚焦核心目标落实　实现教学练一体化

——以小学低段语文教学内容为例

陈金莲

【主要观点】

教学练一体化设计以学生的主动学习为核心，注重学生的主体性和实践性，以便在有限的课堂时间里激发学生的学习兴趣，优化学生的学习方式，提高学生的学习效率，提升学生的综合素养。小学语文教学课堂应以学生为主体，以学习为中心，可遵循“确定教学目标—开展教学活动—设计练习任务”的学习路径，使教、学、练三者形成合力，构建高效课堂。

【经验分享】

施教之功，先在激趣，巧在授法，重在练化，贵在养习。教学练一体化是一种教师趣教＋学生学法＋实践练习有机结合的教学设计。在这个教学设计中，教师需要聚焦核心目标，深入了解学生的认知能力和学习需求，以此为基础进行教学内容和方法的选择和优化。教师设计时需注重培养学生的语文思维能力和创新能力，鼓励学生自主学习和探究，让学生在实践中掌握知识和技能，在学习中得到更好的体验和收获，最终促进核心目标落实，提高学生的语文素养和语文能力。

一、小学语文教学中教学练一体化的重要性

（一）教学练一体化激发学生学习兴趣

一直以来，课堂教学的模式，多是以“师授生听”的模式为主。课堂时间是简短而宝贵的，这种教学能最大程度地传授知识点。然而，实践证明，

这样讲授式的课堂，弊端也很明显。学生注意力毕竟有限，长时间听讲注意力容易不集中，学生会开小差，上课走神。倘若更改教学设计模式，采取教学练一体化设计，学生可以在实践项目的驱动下自主确立学习目标，专注知识点，从而激发起学习的兴趣，增强学习的斗志，从“被动学习”转变为“主动学习”。

如在教《彩色的梦》这篇课文时，笔者创设了举行“赛诗会”活动的情境，告知同学们，在学习欣赏完诗歌后，会有一场诗歌仿写大比拼的活动，看看谁是出色的小诗人。学生一听要当小诗人，学习兴趣立刻提高了，在听诗歌讲解时也会有明确的目标和动力。学生聚精会神地听完老师的讲解后，都摩拳擦掌、跃跃欲试，迫不及待地拿起笔，争当小诗人呢！

因此，实施教学练一体化设计，能让学生对学习产生更大的兴趣，也有助于学生更加深入地理解知识点。实践出真知，这种教学模式还能激发学生的学习热情，让他们在实践中感受到成就感，从而更加主动地参与课堂学习，进行良性的学习循环。

（二）教学练一体化提高学生的学习效率

教学练一体化设计的核心理念是“学以致用”。教师会将知识点和实践练习紧密结合起来，让学生在实际运用中学习知识。这种教学模式一来让学生加深对知识的理解和记忆，二来帮助学生发现自己的不足之处，及时进行纠正和改进，达到提高学习效率的目的。

例如在讲授课文《姓氏歌》时，教师可以先通过对话活动、多种形式朗读的方式让学生熟悉课文，然后在教授中引导学生发现介绍姓氏的三种方法——分解部件、说偏旁、组词。在学生理解后，趁热打铁进行拓展迁移，用你问我答的练习游戏让学生联系自身经历介绍姓氏，将刚学到的三种方法加以巩固。

在教学练一体化设计中，学生能运用自己喜欢的方式，向他人介绍自己的姓氏。在感受到学有所成的乐趣后，学生对中国姓氏文化产生了兴趣，大大提高了学习的效率。

（三）教学练一体化提升学生综合素质

讲授式的教学课堂多是大量传授知识，学生很难从学习中获得乐趣和意义。教学练一体化设计将教师教学和学生实践相融合，不仅能引起学生学习兴致，而且能让学生在练习中积累知识和技能、锻炼表达自己的想法和观点、在团队中相互协作共同完成任务，从而提升综合素质，有助于培养学生的创新思维、实践能力和团队协作精神。

如在教学口语交际“看图讲故事”这一课时，教师先教会学生总体看五幅漫画，大致了解漫画内容后，再引导学生细细观察每幅图，提醒学生注意观察的角度、图画中人物的表情和动作、人物的语言和心理。明确好观察的内容、讲述和倾听的要求后，就可以开展小组合作，最后再全班展示。学生在小组内接力讲故事，把五幅漫画的内容连起来说一说。

学生或各抒己见、畅所欲言，或认真聆听，适时补充，在小组内积极碰撞思想的火花，最终促进学生团结协作、语言运用、思维创造等语文核心素养和综合素质的提升。

二、基于教学练一体化的应用策略

（一）教有目标：立足单元整体，确定教学目标

清晰的教学目标是落实教学练一体化设计活动的指向标，是判断“教学练”是否一致的重要依据。语文的学习是环环相扣、课课相系的，教师在确定教学目标时，不应只局限于单篇课文中语文要素的落实，而是应立足单元整体，以整体语文素养为导向。因此，在教师备课中，教师应该从语文核心素养的四个维度（即语言的积累与应用、阅读的鉴赏与表达、思维的发展与提升、文化的传承与理解）出发，结合学生的学情，明确教学目标。

以“中国美食”一课为例，因为本单元是识字单元，课文浅显，图文并茂，易读易记，因此教师确定的教学目标和方向为：一是给学生充分朗读的时间，在多种形式的朗读中破解字音和字形的难关；二是通过多种识字方法，帮助学生搭建生字字音、字形、字义之间的桥梁，认识本课生字词；三是能自主用字典查找“焰、煲、煦”等字，发现部首“火”和“灬”的联系，引导学生在识字中发掘中国汉字的奥妙，体会识字学词的快乐。同时，本单元的主题是“传统文化”，那么，通过讲述不同烹饪方式制作美食、说说自己家乡美食的环节，引导学生了解中国独特的饮食文化，进而感受中华优秀传统文化，激起学生对中华文化的喜爱和探究之情。

只有立足单元整体的教学目标，教师才能有层次、有梯度地实施教学，进而提升学生的语文素养。

（二）学有抓手：依据教学目标，设计学习活动

教学练一体化设计强调学生主动学习，教师不再只是知识传授者，更是学生学习的引导者和组织者。教学目标确立后，如何做才能有效落实呢？基于教学练一体化的要求，教师应该在了解学生的学习兴趣、能力等方面的情况下，根据学生的实际需求，设计和组织符合目标体系的教学活动，同时注重学生的参与和反馈，及时调整教学策略，确保教学效果。

以“中国美食”一课为例，为了落实本课的教学目标，教师在教学环节的设计上，可以以观看中国美食视频为切入口，调动学生学习课文、了解美食的兴趣。接着创设参观“中华美食大观园”的情境，通过参观“菜单博览区”和“厨艺展示区”，让学生在情境中抱着对美食的浓厚兴趣，主动学字识词。最后通过观看中国美食地图和推荐美食读物，进一步推动学生了解中国独特的饮食文化，激起学生对中华文化的喜爱和探究之情。

教师根据教学目标，设置以学生为主的教学活动，充分发挥引导者的作用，带领学生入情入境，让学生学有所获，进而推动以核心目标为导向的教学练一体化设计活动落地。

（三）练有方向：基于教学活动，形成练习任务

“操千曲而后晓声，观千剑而后识器。”教学练一体化需要学生在学习过程中不断地进行练习和巩固。与传统教学相比，教学练一体化在调动学生学习热情的同时，也能更好地对学生所学的知识点进行即时巩固，满足学生的学习需求。教师在设计练习任务时，可以结合多种形式，如课堂练习、小组合作练习、个人作业等，以便满足不同学生的学习需求。教师在设置练习内容时，应该基于教学活动，根据学生的实际情况进行设计，有梯度地设置题目，由易到难，逐渐加大难度，便于学生逐步掌握知识和技能。

以“中国美食”一课为例，在课堂教学过程中，设置“菜单消消乐”的课堂游戏练习，在游戏中帮助学生巩固生字词；开展“我是小厨师”的小组合作，在小组讨论中讲述用什么烹饪方式制作美食、如何烹饪美食，学生在交流中巩固本课所学知识，锻炼口头语言运用能力。课后，通过习题单，检验学生对知识点的熟悉程度，查漏补缺；通过“画美食”的绘制活动，让学生用画美食小报的方式分享中国美食文化，进一步激发学生对中国美食的兴趣；通过“说美食”的扩展任务，促使学生运用本课学过的知识，结合日常

生活实践，流畅表达制作美食的步骤，讲述自己在这节课中的所学所悟；还可以布置“做美食”的实践活动，让学生在动手烹饪中加深对中国美食的热爱和对中华传统文化的认识。

练习任务是教学练一体化设计活动的最后一环，教师在内容的选择设计上既要兼顾趣味性，也要有检测价值，从而助力学生在学以致用中巩固知识，体会学习的乐趣，增强语文核心素养。

三、结语

实施教学练一体化是促进新课程改革核心目标落实的有效途径。教师应该注重教学与练习的有机结合，通过多种形式的教学活动，提高学生的学习兴趣和参与度，促进学生的知识掌握和能力提升，最终实现新课程改革核心目标的全面落实。只有在教学练一体化的实践中，通过有效的教育教学，才能为学生的未来发展打下坚实的基础。

【深度思考】

新课标强调以素养为导向，注重培育学生终身发展和适应社会发展所需要的核心素养。课堂教学是落实新课标的重要手段，语文教师应重视改进教学方式，优化课堂教学，通过探索教学练一体化、大单元教学等模式，结合双减政策背景，在减负增效的前提下培养学生语文核心素养，提高课堂效率，努力实现语文教学的提质增效与创新发展。

实施教学练一体化促进小学语文核心素养目标落实的思考

邱嘉伦

【主要观点】

本文围绕实施教学练一体化促进小学语文核心素养目标落实，进行了设计分析与教学实践，发现对于教、学、练三个环节的精心设计与实践，确实能够形成以培育核心素养为导向的小学语文教学模式，有利于提升学生的语文核心素养。

【经验分享】

《义务教育语文课程标准（2022 年版）》（以下简称“新课标”）发布，对核心素养进行了进一步强调，如何让核心素养落地生根也成为小学语文教育中的关键与重点。根据新课标的要求，小学语文核心素养包括语言建构与运用、思维发展与提升、审美鉴赏与创造、文化传承与理解，在日常教学与考察中需要重点关注这几个维度的培养与提升。基于著名教育学家陶行知先生的“教学做合一”基础提出的“教学练一体化”教学主张，对于促进小学语文核心素养目标落实具有指导性的意义与价值。其中，教师的“教”是学生“学”的基础，学生“学”是学生“练”的前提，学生“练”是教师“教”提升的关键，也是提升教学质量的最终一环。因此，科学合理地实施教学练一体化，有利于促进小学语文核心素养目标落实。

“教”授知识内容

在“教学练一体化”教学主张中，“教”是第一个步骤，由教师主导完成。教师作为整个教学的掌控者和开启者，必须精心设计合理的教学流程，让与核心素养有关的基础知识能够顺利落地和发展。

首先，应该确定需要落实的主要核心素养目标。因为核心素养目标往往贯穿整个教学过程，但是在教学时存在不同的主次地位，所以教师必须在教学设计中始终围绕重点培养的核心素养，进行有目标地设计，才能实现理想的教学效果。其次，教师“教”的情境创设影响学生“学”的积极性和主动性。考虑到小学阶段学生的特点，教师有必要创设富有童趣、与学生生活联系紧密的教学环境，才能够进一步让“教”成为教导核心素养相关知识的有力措施与渠道。

三年级上册“习作：续写故事”教学设计表

知识点来源	三年级上册“习作：续写故事”
教学设计	在这一知识点中，主要考查学生的语言构建与运用核心素养，但是与思维发展与提升、文化传承与理解也有一定的关联。因此有必要重点围绕语言构建与运用，给予学生引导和教学，比如如何写故事、怎么样把故事写得生动形象……
	在教学中，必须重点关注习作中的“故事”与学生的生活经验与基础认知的关联，对此提出两个不同的子设计： （1）关联学生生活：结合学生日常生活经验，要求学生续写有关的故事，比如下课后、回家后…… （2）重视文化传承：将中国传统节日故事、寓言故事等作为引子，引导学生进行想象和创新，实现故事的续写。

通过教学实践，这一教学设计具有很好的“教”的效果，学生首先接触了与续写故事有关的知识内容，在语言构建与运用维度上的能力培养完成了最初的目标——能够理解如何写故事、初步掌握写好故事的方法。同时，在子设计的运用上，很好地考虑到由易到难的顺序，并且关联学生生活、提升学生兴趣，实现了多维教学目标的全面实现。

“学”会思辨方法

在“教学练一体化”教学主张中，“学”是第二个步骤，由学生主导完成。这种角色的转变对于学生提出了更高的要求，即学习的不仅是固定的知识点与内容，而是完成要求的方法乃至学习新知识的方法。从这个角度来看，思维发展与提升贯穿于“教学练一体化”教学主张，始终影响着学生的语文核心素养。

在“学”这个步骤中，一方面要通过“学”来确保学生掌握了对应的知识内容，另一方面则是由“学”这个过程引申和发展，从而建立不同语文知识之间的关联，确保学生能够真正掌握知识和运用知识的方法。

三年级上册“习作：续写故事”学习引导表

知识点来源	三年级上册“习作：续写故事”
学习引导	通过教师“教”授的知识点，学生初步掌握续写故事的方法，同时受到教学设计内容的影响，学生对于续写故事已经产生了浓厚的兴趣，迫不及待地想要学以致用。
	结合本知识点的特点，可以发现在“审美鉴赏与创造”核心素养上的教与学依然存在一定的不足，为了促进核心素养的整体落实与发展，在学生学习时加入有关中国寓言故事的赏析，要求学生结合所学的知识判断这些故事的内容为什么写得好，好在哪里，有哪些可以借鉴学习的内容，将“学”基础知识转变为“学”学习方法。

在教学实践中，可以发现学生基于前一阶段的“教”建立了续写故事的基础能力，而在赏析中国寓言故事的过程中，展现出独立思考与研究的能力，能够从简单地接受“教”的内容，转变为完成复杂的“学”的目标。在这个过程中，审美鉴赏与创造与思维发展与提升核心能力得到了同步提升，延续了“教”环节的目的。

“练”习检验成果

在“教学练一体化”教学主张中，“练”是最终环节，由学生主导、教师配合完成，且具有优化后续教学的重要意义与价值。在这个过程中，教师设定的练习题目要有针对性，既考查教学重难点，又能够体现学生在核心素养维度上的成长，且能够为后续的教学提供指引。

在这种情况下，进行划分难度的练习设置就非常有必要，这样能够在提升学生信心的同时，帮助教师了解学生的具体发展层次，明确核心素养培养中的薄弱项。

三年级上册“习作：续写故事”检验表

知识点来源	三年级上册“习作：续写故事”	
作业	作业内容	核心素养
必做一	选择一个你喜欢的中国寓言故事，分析它作为故事的精彩之处。	审美鉴赏与创造
必做二	在课堂中提到的故事中，选择一个你喜欢的故事，完成续写。	语言建构与运用
选做一	选择一个你喜欢的中国寓言故事，发动想象力，完成续写	文化传承与理解
选做二	总结续写故事的方法和要点。	思维发展与提升

在本次作业练习中，设置了两道必做题和两道选做题，各自对应 1 项核心素养。结合本知识点的要求来看，能够完成故事续写是最基础的要求，结合中国传统文化实现提升、能够归纳总结方法是更高层次的要求。

在这种练习下，可以发现大部分学生能够掌握到选做一的程度，但是选做二只有少部分学生能够完成，这与三年级学生的学习水平吻合，也意味着在后续“教学练一体化”实践中教师要更加注意对于“思维发展与提升”核心素养的训练。

【深度思考】

从教学实践来看，实施“教学练一体化”教学主张，有利于促进小学语文核心素养目标落实，如果能够做到“教学练一体化”的大循环，让每次“教学练一体化”的实践都成为指导教师教学设计的方法与素材，就能够不断实现“学”的提升，真正促进学生语文核心素养的提升。

“双减”背景下小学高年级语文阅读能力提升策略研究

刘楚红

【主要观点】

阅读教学是小学语文教学的一个重点和难点，阅读教学的展开对学生的阅读能力和语文素养的提升起到了重要作用。“双减”背景下的小学语文阅读教学应立足学情，探索多元化的有效途径和方法，开启学生的阅读之门，延伸学生的阅读之路。

【经验分享】

“双减”强调：提高教学质量，优化课堂方式，提高学生在校学习效率。在这个背景下，减轻学生课业负担，满足学生个性发展需求成为重点，给阅读教学和课外阅读活动提供了广阔的空间和有利契机。教师需要在保证课堂阅读教学质量的前提下，激发学生的阅读兴趣，培养学生的阅读能力，让学生体验阅读的新鲜感、让阅读有“悦”味，因而提高综合文学素养，最后实现“双减”的增效减负目标。

当下阅读教学存在的问题：一方面，从教师角度出发，教师被自己的教学任务所限制，阅读教学方式不够灵活、多样，倾向于讲解式阅读教学模式，难以激发学生的阅读兴趣。另一方面，学生没有系统的阅读方法，缺乏合适的阅读策略，走马观花地阅读，他们对文字的理解只停留在死记硬背，达不到文本的深度阅读。基于此，在阅读教学中，教师应积极探索阅读教学方法，通过多元化的阅读教学，开启学生的阅读之门，引导学生踏上阅读之旅。

巧用信息技术，激发阅读之趣

随着国家科学技术的发展，越来越多前沿的教育信息技术被应用到实际的课堂中，这为教师进行有效的课堂教学提供了最基本的教学工具保证。高年级的学生正处在这样一个重要的阶段，他们可以通过直观观察来认识事物，通过判断分析从而获得信息和知识，而科学技术的广泛应用，正好给学生提供了直观了解内容的平台，将抽象的内容以趣味性的形式呈现，这种生动、有趣的课堂教学情境能更好地给予学生的听觉、视觉等感官刺激，提高学习的兴趣。其次，在进行小学语文阅读的教学过程中，教师若合理地利用信息技术，收集对学生发展有益、有趣的课外阅读内容并对其进行资源整合，能有效地达到"从课内走向课外"这一目标。通过这些方式，教师不仅丰富了课堂阅读教学，还提高了教学质量，同时也强化了学生对课外知识的积累。

例如，在教授六年级下册《鲁滨逊漂流记（节选）》一课时，学生掌握了基本内容，课文讲述的是鲁滨逊遭遇海难，流落到荒岛之后，凭借自己顽强的毅力、乐观的态度和辛勤的劳动克服种种困难，最终获救并重返文明社会的故事。但学生对鲁滨逊在荒岛中所遭遇的各种困难及所处环境并不能有所感知，自然也就没有相应的想象，因为这是脱离他们生活的，没有实际的情境支撑他们的想象。因此，在教授这一课时，我首先出示图文并茂的课件，让学生对当时的环境有一定的视觉感知；有了丰富的想象基础后，出示课本节选内容的一个电影片段，让学生在视频图像、声音中获取相关信息，找到此片段对应课本文段的内容，有效地激发学生的阅读兴趣。最后，再出示原著中另一个精彩的电影片段，启发学生课外去阅读文本，找到文本是如何描写这一个场景的。就这样，从课内走向课外，激发学生课外阅读的热情。

信息技术不仅可以实现图、文、声、像融为一体，还可以带我们回溯远古、奔向未来。如在教学六年级下册《两小儿辩日》一课时，从"辩"的字形入手，通过课件可以让学生了解到字形的发展演变。面对两小儿的"笑"，通过播放科学发展史片段，让学生了解到"孔子不能决也"的原因是当时科技的不发达，没有理论依据解决问题。最后通过动画演示的方法让学生知道为什么太阳离人会有远有近的错觉，并拓展太阳公转的相关知识。利用多媒体技术，让学生的学习化被动为主动，从而大大地提升了课堂教学效果。用学生乐于接受的方式，提高阅读效率，丰富学生的阅读知识面，激发学生的阅读之趣。

优化阅读策略，掌握阅读之法

阅读可以是个人的私享空间，在阅读中遨游、感受阅读的魅力，也可以是集体的共享时空，交流阅读的火花，组成携手共进的阅读伙伴。但不管哪一种，都需要课堂的“教读”，教材给我们提供了足够的阅读方法，教师针对不同类型的阅读文本结合课本的阅读策略，为学生提供匹配的阅读方法。课外阅读的指导是点到为止，自主探究，教师是学生阅读的领航人，通过“自读”积累阅读经验，掌握阅读方法，体验阅读之乐。

部编版五年级上册第二单元便安排了阅读策略单元，基于学生阅读的经历，引导学生学习提高阅读速度的方法，并自觉运用到课外阅读实践中，逐渐形成良好的阅读习惯。如《搭石》一课旨在引导学生养成阅读时“集中注意力”的习惯，抓大放小，遇到不懂的地方不停留、不回读的阅读方法，以跳读的方式提高学生的阅读速度；《将相和》一课旨在学习扩大视域的阅读方法，引导学生不要一个字一个字地读，以词或者句作为阅读视野单位，突破逐字阅读，尽可能连词成句地读；《什么比猎豹的速度更快》一课旨在训练学生把握文章段落特点，及时捕捉关键信息，抓住关键句迅速把握课文主要内容，用鉴别阅读的方法提高阅读的速度。《冀中的地道战》一课旨在引导学生尝试带着问题读，做积极的阅读者，在阅读中关注能解决问题的重要信息，达成快速理解内容的目标，进一步提高阅读速度。

部编版六年级上册第三单元以“有目的地阅读”为主线安排了阅读策略单元。教材将文前的“学习提示”与课后练习相结合，引导学生根据不同的阅读目的选择不同的阅读方法。如《竹节人》一课通过文前的阅读提示，从三个不同的角度安排了三个阅读任务，引导学生明白阅读同一篇文章，阅读目的不同，关注的内容会不同，阅读的方法也不尽相同。《宇宙生命之谜》一课通过旁批，呈现了一位同学根据自己的阅读目的，选择阅读方法，寻找阅读内容的思维过程；引导学生发现，根据阅读目的的不同，要运用不同的阅读方法，进一步体会“有目的的阅读”。《故宫博物馆》一课引导学生将在前面精读课文里学到的方法进行迁移运用，自主选择学习任务进行阅读实践，还原真实阅读，逐步实现“有目的地阅读。”

课堂阅读教学的“读”的引导十分重要，教师应立足于新课标，抓住教材的递进式结构，充分利用教材，以导读、助读及练习阅读环环相扣、互相配合，形成一个系统，逐步帮助学生学习和运用这些实践性、操作性很强的阅读方法，并应用到课外的阅读活动中。就这样，在实践中不断地认识、提取、巩固，进行内化，最终增强学生的阅读能力。

丰富阅读活动，感受阅读之乐

论语有云："三人行，必有我师。"合作学习已成为一种主要的教学方式，学生通过群体的形式进行交流、探究，从而实现知识的分享与共同进步。在语文课堂和课堂外进行"群策群力"，丰富阅读活动，让学生在课堂内外的"享学""自读"中，收获更多的知识。

阅读的兴趣应该从小开始培养，而环境的熏陶最为重要。有效利用学生在校的时间，营造良好的阅读氛围。最理想的阅读氛围是让书香之气充满课室，让他们能够在阅读方面有所收获，提高阅读成就感。此外，开展多形式的活动，如悦读阅爱直播间、书中人物来我班、模仿创作 show，让学生在活动中沟通、交流，丰富学生的视野，延展知识面，维系学生的阅读注意力。

将绘画与阅读结合起来，合理利用"悦读阅爱直播间"，激发学生的阅读兴趣。例如：在教授《快乐读书吧：漫步世界名著花园》一课时，首先让学生分享自己阅读过的书目，用最精彩的语言阐述书的主要内容，以此让学生产生阅读的兴趣；课下，让每个学生给自己看的名著绘制插画，用自制的插画吸引其他学生的注意力，然后将书与插图放在一起，用画记录自己的阅读乐趣，让每一本分享的书都有一份特别的插图，再将其放入图书区，让学生在书的流动中受益。利用每周兴趣课时间开展"悦读阅爱直播间"，结合自制插图讲述自己的阅读故事，激发更多的学生主动分享阅读故事，进一步提高学生的阅读能力和表达能力。

利用同伴作用，设立"绘本创作格"和"好书推荐格"。让孩子径直走进书海，最好的方法便是同伴的推荐。每个学生可以根据自己的阅读喜好及最近阅读书目，进行好书推荐，所有的学生都可以在"好书推荐格"找到自己感兴趣的书目进行阅读，给学生提供源源不断的好书。在阅读之后，学生可以参加"模仿创作 show"，进行自己的创作，放在"绘本创作格"，进行评比，最后给予表彰鼓励。在这样个人与集体活动中，留给学生展示的时间，让学生在自我表现、群体展示中迸发出阅读冲动。

【深度思考】

在“双减”背景下，教师应紧扣教材，授之以“渔”，培养学生的阅读策略，增强阅读技能，提高阅读能力，但仅仅依靠课堂的阅读是远远不够的，因此我们应该要着眼于学生的未来，丰富阅读活动，引导学生积极阅读，在阅读课本之外的浩瀚书海中享受阅读的乐趣。

浅析二年级语文阅读教学的基本策略

高裕美

【主要观点】

任何一种语言的学习都离不开“读”，无论在哪个年段的语文阅读教学，都要体现“以读为主”的思想，让学生充分地朗读，在朗读中感悟语言的魅力，在朗读中陶冶情操，体悟情感，二年级的阅读教学也不例外。

【经验分享】

《义务教育语文课标标准（2022 年）》指出，“二年级的孩子在阅读方面要达到学会用普通话，有感情地朗读课文，并能在阅读中积累词语，在阅读中感悟语言的优美，体会句号、感叹号、问号所表达的不同语气等标准”，“阅读是学生的个性化行为，不应以教师的分析代替学生的阅读实践”。因此，在二年级的阅读教学中，我们要打破以往的“讲读模式”，把主动权还给孩子，以学生为主体，以教师为“主导”，以“读”为主线，通过以读促思，读思结合等方法，让孩子在“读”中悟，在“悟”中读，从而加深对课文内容的理解，品悟文本的深层次内涵。

一、创设情境引读，让孩子受到情感的熏陶

在阅读教学中，若要做到让孩子在读中有所感悟，受到情感的熏陶，就需要老师在授课过程中千方百计地引导孩子进入课文的情境。因此，我们可以通过利用富有情感的语言、音乐、图片、影视片段等各种真实生动的媒介，营造读的情境，让孩子在朗读感悟的过程中受到情感的熏陶。如，在教授《一封信》这篇课文时，就可以让孩子尝试给自己的父母写一封信。在自己写

信、读信的过程中体会课文中露西写信给爸爸时的那种难以名状的心情以及对爸爸的理解和关爱。

二、以读引读，促进孩子对文本的深层次品悟

低年级的孩子对课文的品读感悟还离不开老师的引导。因此，在教学过程中，我们可以适当地用自己的朗读来带动孩子做进一步的品读，从而帮助孩子把握文本的感情基调，加深对课文内容的理解。如在教授《妈妈睡了》这篇课文时，我重点引读了“睡梦中的妈妈好累”这一段的内容。通过抓住关键词“好累”，让孩子在文本中寻找出表现妈妈“好累”的场景，如“妈妈的呼吸那么沉，她乌黑的头发粘在微微渗出汗珠的额头上”“窗外，小鸟在唱着歌，风儿在树叶间散步，发出沙沙的响声，可是妈妈全听不到”。采用这种抓住关键词进行引读的方法，让孩子在品读的过程中进一步感受到了妈妈的劳累，从而也让孩子们学会用一种疲惫的语气有感情地读出对妈妈的一种心疼之感。

三、读与说、练相结合，提升语文综合素养

叶圣陶先生曾经说过“在中小学语文教学中，基础知识和基本训练都很重要”。因此，在阅读教学课堂中，我们要把朗读和训练有效地结合起来。读练相结合，对于二年级的孩子也尤为重要。因此，在引读的过程中，我们可以先引导孩子对重点词语进行理解，再设计灵活多样的训练。如教授《葡萄沟》这篇课文时，我们可以让孩子们说一说“你喜欢葡萄沟吗？为什么？”在说的过程中让孩子进一步对文本内容进行内化，达到以说促读的效果。同时也可以设置一些课外的句子仿写题，让孩子当堂进行额外的语言训练。如，在教授《寒号鸟》这篇课文时，就可以让孩子模仿课文“冷得像冰窖，热得像蒸笼”这种短语，写一写其他类似的短语，从而加深对文本语言的积累和感悟，进一步在阅读中提升语文的综合素养。

四、以评促读，进一步提升孩子的阅读感知

在课堂学习中，每个孩子都希望自己的表现能得到老师的肯定和赞赏，从而进一步激起他们学习的兴趣，二年级的孩子也不例外。因此，在阅读教学中，我们可以对孩子的朗读进行巧妙的评价，激励孩子进一步赏读和品析课文，加深感悟，积累语言。如，在评价孩子朗读古诗“飞流直下三千尺，疑是银河落九天”时，我们就可以这样说：“听了你的朗读，我们仿佛亲眼看

到了瀑布从高高的山上一泻千里，真让人叹为观止!”在激励性的评价中让孩子进一步体会到李白笔下瀑布的壮观。

【深度思考】

总而言之，若要使孩子深入地理解文本的内涵，走进文本人物内心世界；体悟到作家本身所要表达的真实情感，与作家达成共鸣，实现精神上的交流和对话，就要让孩子“多读多悟”，把文章读活，真正成为阅读的主人翁。

“双减”背景下小学语文课外阅读的指导策略

谢汶津

【主要观点】

我国大部分小学生缺乏对课外阅读的重视，课外阅读量远远不足，导致学生的语文能力严重不足。而在“双减”背景下为了有效提高学生的课外阅读效率，教师应该从多方面出发，不断完善课外阅读教学，为全面培养学生的语文综合素养奠定基础。

【经验分享】

一、创建阅读环境

在小学语文实施课外阅读教学过程中，大部分小学生虽然热爱阅读、喜欢阅读，但是如果在一个不合时宜的环境中也会很容易分神，不利于小学生集中注意力进行高效率的阅读学习，因此建立相对完善的阅读环境非常重要。

例如，首先在阅读环境创建中，可以从教室的整体环境设计出发，教室内设置阅读角，让学生能够在课后随时翻阅课外书籍。同时还可以在教室的墙壁上绘制一些关于阅读的诗句，如“书山有路勤为径，学海无涯苦作舟”等，既能够促使学生以积极的心态进行学习，同时又能够正确认识到读书的重要性。比如在部编版三年级课文杜牧《山行》的教学中，为了激发学生的课外阅读兴趣，教师可以在教室内张贴杜牧的其他古诗名篇，“烟笼寒水月笼沙，夜泊秦淮近酒家。商女不知亡国恨，隔江犹唱后庭花”，也可以展示“千里莺啼绿映红，水村山郭酒旗风。南朝四百八十寺，多少楼台烟雨中”。通过引用杜牧的其他诗句，能够让学生一抬头就能够看到这些句子，激发他们在课外阅读中探索杜牧其他诗句的描写，进而提升学生的语文素养。

除此之外，教师也应该从家庭的角度出发，与学生家长建立连接，让家长能够陪同学生共同阅读，并引导家长在课外阅读时选择合适的书籍。在学习《听听，秋的声音》一课时，为了建立良好的家校共育课外阅读环境，教师可以向家长介绍有关描写季节的书籍，如《小牛的春天》等，让学生能够在课外读物中，从中感受不同季节描写的方式，从而提升学生的语文阅读素养。

二、指导阅读方法

小学生进行课外阅读很容易无法集中注意力，在“双减”背景下实施课外阅读教学，为了有效提升学生的课外阅读质量，教师既要做好课外阅读的引导，同时又要提供阅读指导工作，全面提高学生课外阅读效率。

例如在课外阅读学习中很多学生不具备正确的阅读方式，因此出现在阅读完成之后也很难理解文章的内容的情况。为了提高小学生的阅读效率，教师应该积极指导学生掌握正确的阅读方式。比如在学习部编版小学三年级《卖火柴的小女孩》一课时，针对阅读教学的指导，教师可以从略读和细读两个方向出发。在略读中，教师主要引导学生大致阅读文章中的内容，对故事“卖火柴的小女孩”中的主旨大意能够表述，大致了解故事内容的起因、经过、结果。在细读中，教师要引导学生对故事情景中的重点描写进行标注，对文章中的细节描写进行强调，对于文章中描写出现的疑点、难点进行记录，或者是对文章中出现的好词好句进行摘录，以便于让学生进行有效阅读。通过这种阅读教学，教师再引导学生结合相关的童话故事内容进行课外阅读，同一个作者或者同一个题目的故事对比阅读，在有限的课堂时间内拓展课外阅读的内容。只有让学生养成良好的阅读习惯，才能够更好地在课外读物中进行高效率地阅读学习。其次，在引导学生采用正确的方法课外阅读时，教师还应该引导学生利用小组合作学习的方式，在阅读完成之后小组之间交流讨论，比如在学习完《卖火柴的小女孩》，让学生在课余时间阅读其他的安徒生童话故事并进行交流，互相探讨童话故事中美丽的景色以及主人公的命运等，以此更好地理解故事描写的方式以及内容主旨大意，同时在这种阅读教学方式的引导下，还能够促使小学生形成自己的阅读方式，进而在课外阅读中实现高质量的学习。

三、实施阅读评价

结合“双减”教育教学要求，小学语文课外阅读指导中，不能够缺乏阅读评价，在优化课外阅读教学中，展开评价教学也是一项十分重要的教学内容。针对学生课外阅读中出现的不良现象以及阅读中出现的问题，都可以在教学评价展现出来，以便于教师更好地在相关的教学评价中了解学生的实际阅读情况，进而有效提升小学生的课外阅读效率。

例如，在开展课外阅读教学评价中，教师应从小学生的角度出发，制订的课外阅读计划，不仅要体现在课外读物的推荐中，更应该关注学生在阅读完成之后的感悟。开展教学评价，学生能够从自身的课外阅读中发现不足，进而有效改正，为更好地提升阅读兴趣奠定基础。如在学习部编版三年级上册第二单元的有关文章之后，教师引导学生结合自己的课余时间翻阅有关“季节”的课外读物，并且在每读完一本课外书之后和同学进行分享。有的学生在学习完《秋天的雨》这一文章内容之后，发现文中描写的“秋天的雨，有一盒五彩缤纷的颜料……”此处描写特别精彩，于是就从网上搜集有关描写秋季的读物，如《马约卡之秋》《一片叶子落下来》等，在阅读这些书籍之后，学生不仅从中感受了秋季的变化，更能够从中感悟生命的价值。在此基础上，教师开展课后评价，让学生从阅读中谈谈自己的感悟，并且在学生之间进行书籍互推，引导学生说出该书籍的描写特别之处，然后教师在学生的感悟理解中展开更加专业的讲解，以此激发学生内心对课外阅读的重视。同时为了提高学生的课外阅读能力，在教学评价中，还可以有效结合课外读书的评比活动，促使学生能够在书籍阅读中更好地体验阅读带来的成果，以此养成阅读的学习习惯。

【深度思考】

在“双减”背景下，指导小学语文开展课外阅读是我们语文教学的重要组成部分，为了激发学生对课外阅读的兴趣，让学生喜爱课外阅读并形成良好的课外阅读习惯，教师应该从学生的角度出发，与家长一起，共同创设良好的阅读环境，利用课堂进行方法指导和阅读评价，为全面提高学生的课外阅读提供支持。

小学语文说明文教学的几点尝试

林奕娜

【主要观点】

说明文作为一种实用性文章，在小学阶段的语文学习中具有重要意义，对于提升学生的语文素养具有重要的作用。针对当前小学说明文教学比较枯燥乏味的现状，我从激发学生求知欲、关注语言表达、利用多媒体创设情境、开拓课外相关知识等方面进行教学尝试。

【经验分享】

一、小学阶段学习说明文的意义

1. 说明文智理融合的特点，有利于培养学生语言的严谨性和逻辑性

说明文的内容通常是定义明确且清晰的，具有科学性、严谨性和逻辑性。相对于小说而言，它没有一波三折的情节，也没有散文浓厚的情感，但它语言上的严谨性和科学性，比如“一般”“大约”等词语的运用，能够很好地启发学生提升自己平时语言表达的准确性。因此，大量地阅读说明文文章，能够很好地锻炼小学生语言表达上比较薄弱的方面——严谨性和逻辑性。

2. 说明文多样的说明方法有利于学生学习多种表达方法，提高写作水平

小学阶段课本中的说明文主要是通过运用多种说明方法，使得文章更加通俗易懂，让读者能够读懂文章，学到知识。小学阶段，学生接触到的常用的说明方法有：列数字、举例子、做比较、打比方。这些说明方法的教学，需要让学生知道并且体会说明方法的好处，进一步掌握说明技巧。因此，说明文虽然有时读起来缺乏趣味性，但可以让学生学习多种说明技巧，用于日常的写作中，为写作说明文提供依据，打下基础。

3. 说明文中丰富的科学知识有利于增长学生的见识，拓宽学生的知识面

说明文的特点之一是知识性，即着眼于解说和传播某种已经得到公认的知识。说明文的内容以知识为核心，不管是自然科学说明文还是社会科学说明文，都能帮助学生积累一定的科学知识，拓宽学生的知识面。说明文相比于其他体裁的文章，在向学生展示科学知识这方面，是更加直接、集中和强烈的。例如《太阳》这篇说明文中，就通过列数字、做比较、举例子和打比方等说明方法向学生介绍了太阳距离地球远、太阳体积大、太阳温度高等特点。让学生积累了有关太阳的知识，如“太阳离我们约有一亿五千万千米远”，加深了学生对于太阳的了解。

二、小学阶段说明文学习的现状

当前部编版小学语文教材中的说明文在小学语文教材中占有一定比重，但是部分语文教师在实际教学中所采取的教学方法依然比较传统。很多时候，以教师的讲解为主，重点分析说明方法，忽视了学生学习的主动性。同时，教师对于说明方法的过多讲解，也使得讲解说明文时课堂偏向枯燥乏味，缺乏趣味性，学生学起来倍感头疼，老师讲起来也觉得很艰难。这样的课堂虽然能够帮助学生更好掌握基础知识，但可能会忽略了对学生创造能力的培养。针对以上的现象，我做了许多尝试，以求能够提高学生学习说明文的积极性，使学生从被动转向主动，体会到说明文独有的魅力。

三、激发学生学习说明文的几点尝试

1. 抓住学生阅读兴趣点，激发求知欲

说明文的一大特点就在于它所具有的丰富的科学知识，这些科学知识对于大部分学生而言是新颖的、未知的、充满着巨大吸引力的。作为一名老师，在说明文的教学前，既要备教材，也要备学生。了解学生对于所教课文感兴趣的知识点，抓住学生的兴趣导入课堂，或在课堂上诱导、强化学生对于科学知识的求知欲，便能在一定程度上增强学生学习说明文的兴趣。

《夜间飞行的秘密》这篇课文讲述了蝙蝠在夜间飞行的秘密，科学家由此受到启发，给飞机装上雷达，使其能够在夜间安全飞行。于是，在教学这篇课文时，我抓住学生对于“仿生”这一科学技术的兴趣，从飞机的制造是受到鸟的启发，潜艇受到鱼的流线型的启示而发明出来这一角度入手，激发学生对蝙蝠和雷达之间奥秘的求知欲，增强学生对学习本篇课文的兴趣。

2. 关注语言表达，体味说明文语言魅力

在教学说明文时，不仅要关注说明文的内容，还要教学生品味说明文的语言，了解说明文的说明方法，进而体味说明文的语言魅力。叶圣陶先生曾说过："说明文不一定就板起面孔来说话，说明文未尝不可带一点风趣。"在教学说明文时，我们不仅要带领学生分析说明方法，了解说明方法的好处，同时，我们也要将说明方法和说明文语言结合起来，若割裂开来，课堂就会变成枯燥乏味的说明方法分析课。对此，我认为在教授说明文时，一是可以采取多样的朗读方法，增强学习说明文的趣味性。二是可以采取对比赏读的方式，在学习说明方法的好处的同时，体味说明文语言严谨、准确、科学的魅力。

比如在教学《花钟》这一课的第一自然段时，我设计了多样朗读的方法，让学生在朗读中增强学习说明文的兴趣。通过师生合作读、指名读、配乐读、带动作读，让学生体会到一天之中，不同的花开放的时间和姿态的不同，激发了学习的兴趣。同时，让学生在多样朗读的过程中体会到该段语言表达的多样性、准确性和有序性。

再比如，在教学《太阳》这一课，我设计了对比赏读。将书中的句子和"太阳离我们很远很远。到太阳上去，如果步行，日夜不停地走，要走很多很多年；就是坐飞机，也要飞很多年"这个句子进行对比，让学生感受两个句子哪个更好，学生从中了解到运用恰当的说明方法可以使表达更准确，能更好地突出说明对象的特点。除此之外，学生也从"差不多"等词中体会到说明文语言的严谨、科学，感受到说明文语言的魅力。

3. 多媒体教学，创设具体情境

多媒体的使用，丰富了课堂的教学形式，使得学生能更加直观地理解某些科学知识。而且能创设更加具体的情境，增强学生的感受，激发学生的学习兴趣。

在教学《大自然的声音》这一课时，我借助多媒体，通过播放风声、水声、鸟叫声、虫鸣声等声音导入本节课，激发了学生对学习本篇课文的兴趣，创设了具体的情境，学生也就更容易集中注意力跟随我的思路，一起去聆听"大自然的声音"。在教学《太阳》这一课时，课文中"约一百三十万个地球的体积才能抵得上一个太阳"这句话通过做比较让学生更好地体会到太阳体积的大，但为了让学生能更直观地了解到太阳体积大的特点，我播放了一个将太阳和地球放在一起比较的视频，学生观看完感叹道："我更真切地体会到太阳体积的大了！"

4. 开拓课外知识，调动学生学习的主动性

在教学说明文时，因为说明文具有很强的知识性这一特点，所以可以引导学生在课前查阅与之相关的资料。在课后，推荐学生阅读相关联的文章，能够拓宽学生的视野，调动学生学习说明文的主动性。比如在教学《蟋蟀的住宅》这篇文章后，我向学生推荐了《昆虫记》这本书，一是可以丰富学生的课外阅读，二是帮助学生开拓相关知识，激发学习兴趣。

【深度思考】

说明文作为一种实用性文章，在小学生的语文学习中必不可少。作为语文教师，我们在开展小学语文说明文的教学活动时，要根据不同课文的不同特点，采取适当的方法激发学生的学习兴趣，关注说明文语言特点，创设具体的教学情境，拓展相关课外知识，使学生由被动学习变为主动学习。同时，在对说明文进行详细分析时，引导学生学会运用说明方法进行写作，做到学以致用。

浅谈小学数学课堂导入设计的原则[①]

李思邦

【主要观点】

数学课堂的导入设计，目的是调动学生的学习兴趣和积极性，让学生自动参加学习，使数学课堂活跃起来，以此获得良好的教学效果。我认为，小学数学课堂的导入环节要符合学生心理年龄特征，并注意内容明确性、知识关联性、启发性等原则。遵循以上几个原则来设计导入能更好地激发学生的学习兴趣和求知欲。

【经验分享】

根据小学生年龄和心理特点，受限于小学生知识和活动经验少、学习主动性较差、注意力不集中容易分散等原因，小学数学课堂需要设计能调动学生学习积极性的导入环节。一堂数学课有了好的“导入”，学生有了兴趣和积极性，课堂教学效果也就达到了预期目的的一半；因此，科学、合理地设计一个好的“导入”至关重要，这关系到学生有没有兴趣和主动性去听后续的教学内容。这就要求小学数学教师在备课时需要多动一些心思，设计一个有效激发学生兴趣和主动性的导入环节，以此为后续重点知识的学习服务。

先来看下面两个课例的导入设计：

课例一：北师大版数学四年级上册《近似数》一课的引入环节

师：同学们，今天我们先来玩一个记忆大比拼的游戏。老师会出示两行数字，每行 5 个数，男生记第一行的数字，女生记第二行的数字，看看是男

---

① 本文曾发表在《中国教工》2020 年 4 月 第 70 卷 第 11 期（中）。

生还是女生记得多。现在，拿出你们的笔和练习本，做好准备。

师：做好准备了吗？（准备好了）

（教师出示下列两行数字，大约 5 秒钟后关闭）

1658　2984　7012　2098　9805

2500　3000　4000　10000　7400

师：请把你记住的数字写在练习本上。（学生写出数字）

师：请放下笔，汇报一下你写了哪几个数字？（学生纷纷举手汇报自己记的数字，最后女生普遍写得比男生多）

师：男生最多写了两个，女生好多都写了三个，所以女生获胜。（此时，男生有意见了，纷纷在大声议论）怎么了，男生有什么意见吗？

男生 1：我有意见，女生记的都是 3000、4000 这样的整数，男生记的都不是整数的。

男生 2：女生记的数都比较好记，男生记的数字都比较难。

师：也就是说，整百整千的数比较……（男生：好记）不是整百整千的数字记起来比较……（男生：难一些）哦，这样的话对于男生来说就显得……（男生：不公平）所以不能这样判定男生输了。好，老师收回刚才宣布的结果，不能用这样的规则来判定女生获胜。

师：那么，你们觉得什么样的数字好记？

生（齐答）：整数。

教师引入课题

……

课例二：北师大版数学四年级上册《正负数》一课的引入环节

4－1＝（ 3 ）

4－2＝（ 2 ）

4－3＝（ 1 ）

4－4＝（ 0 ）

师：口算这组算式，有什么规律？

生：被减数都是 4，减数每次多 1，差每次少 1。

师：很好，同学们真是火眼金睛，我们继续：4－5＝（　）。

生：小数字怎么能减去大数字呢？

师：那怎么办呢？

生：可以运用“结果每次少1计算”。

师：马上能学以致用，真棒。

师：4－5＝（－1），比0少1的是……（生：负1）

师：4－6＝（－2），比－1少1的是……（生：负2）

师：4－7＝（－3），比－2少1的是……（生：负3）

师：你知道像－1、－2、－3这些数叫什么数吗？（负数）

师：请你举例说一说生活中我们从哪些地方能看到这些数。

学生纷纷举例说明，气氛非常活跃。

师：今天我们就来认识这些数。

…………

现在，我们来谈谈设计课堂导入时要注意些什么？我认为，小学数学课堂的“导入”环节的设计，至少要体现或者遵循以下几个原则。

一、导入设计要符合学生心理年龄特性原则

小学生愿意积极主动参与的活动，一是有趣的能吸引他们的活动，二是动手实践操作型的活动。如上述课例，不管是《正负数》中的“找规律”，还是《近似数》的“游戏比赛”，这些活动设计正好切入小学生的心理年龄特征，因此才能调动学生的学习兴趣和积极性。所以导入设计要注意符合学生的年龄特性，才能激发学生兴趣。根据小学生的心理年龄特征，数学课堂的导入可以设置疑惑形成悬念、有趣的问题情景、游戏情景、实践操作情景等等，能更好地激起学生学习兴趣和情感体验，激发学生心理上的强烈的求知欲，强化学生期待、渴望求知的心理。

二、导入设计要注意知识内容的明确性原则

导入设计只符合学生心理年龄特征，只追求趣味性和实践性还不够，还要有明确的目的性。设计导入都要清楚为什么要这样设计以及对学生的学习会产生什么样的影响。引入设计的目的是要服务于教学任务和目的，要围绕教学的重点，不能只追求形式上的有趣而不顾内容，要能促使学生明白将要学什么？怎样学？为什么要学？为后续的新知学习做好铺垫。就像上述《近似数》这节课的“记忆大比拼”导入设计，目的就是使学生体会整百整千的数比较容易记忆，为下面的新课中“准确数与近似数的对比”“为什么要引进近似数”做好铺垫。

三、导入设计要体现知识之间的联结性原则

导入设计的根本目的是后面重点知识的学习，因此导入设计要具有知识之间的联结性。导入设计要注意新旧知识的联结，导入的内容要与新课的重点知识休戚相关，能揭示新知的初步面目。因此，导入设计要针对教学的目标、内容、学生的实际来精心设计，要有利于教学目标的实现；有利于教学内容的学习与理解，要服从于教学内容的需要。如上述课例“正负数”一课中，设计一组有规律的算式计算，让学生通过已学的知识去认识、理解“小的数减去大的数可不可以，等于多少”的问题，与后面学习的“负数”知识连接紧密，再引导学生举例“生活中的负数”的例子，很自然地引入了新的知识。

四、导入环节要注重活动的启发性原则

导入设计具有启发性，更能激起学生思维的积极活跃状态。导入设计要有利于引起学生注意、激发学生思维、启迪学生智慧。导入尽量以生动、具体的事例和操作实验为依托，引入新知识、新概念。就如上述课例中，“近似数”这节课的导入，利用学生的求胜心理，设计不公平原则的记忆比拼游戏，在具体的实践中激发学生的思维积极性，指出不公平的原因，启发了学生什么数字难记，什么数字容易记；而“正负数”中的“找规律计算”，让学生去观察、讨论，从而启发了小数减去大数的题目可以运用计算规律解决，认识到原来小数减去大数是可以计算的，答案就是今天我们要认识的“负数”。

【深度思考】

在数学课堂教学中，一个好的“导入设计”，片刻之间就能营造一种浓郁的学习气氛，调动学生上课的积极性，迅速进入良好的学习状态，进而为学习新课内容奠定良好的基础。因此，“怎样的导入是有效的?”是每一位数学老师要研究的问题。在实际教学中，我们要根据数学学科的特点、内容及课的类型选择合适的情景来为课堂学习服务。

小学英语互动教学模式探讨①

邹向凌

【主要观点】

本文主要研究如何在小学英语教学中构建“高效互动式”课堂。突出课堂上教师的主导地位和学生的主体地位，使课堂上学生的参与度更高，让学生在与他人的互动中充分发挥自己的学习能力，创造性地完成英语学习任务，提升小学生的英语综合能力。本文结合教学实践经验，从不同的角度阐述了如何在课堂进行互动，并提出了几点建议，以供参考。

【经验分享】

新课程标准倡导尽可能多地为学生创造在真实语境中语用语言的机会，鼓励学生通过体验、实践、参与、探究和合作等方式，发现语言规律，逐步掌握语言知识和技能，发展自主学习能力。在课堂教学中，教师和学生是最具决定性的因素，通过师生互动完成教学任务，实现教学目标。在小学课堂上，教师通过精心设计的环节，运用有效的手段调动学生的积极性，让学生在互动中锻炼语言技能，学习英语知识，学会与他人密切配合，让英语学习充满乐趣，构建独具魅力的英语课堂。

一、互动教学概述

日常中的互动是指社会上个人与个人之间，群体与群体之间等通过语言或其他手段传播信息而发生的相互依赖性行为的过程。而在课堂上，互动，

① 此文曾获 2019 年惠州市教育教学论文二等奖。

就是发生在老师与学生之间，学生与学生之间的积极地交互反馈，教师应该发挥引领作用，用高度交互的方式充分引导学生作为主体进行主动学习。

二、互动教学模式在小学英语课堂中的应用

语言的学习最终都是应用到生活中去。所以学习语言一定要结合生活实践去创设情境，引导学生将生活中看到的，听到的，感知到的记录下来，再在课堂上结合所学的知识用自己的方式表达出来。有需求才会更加促进学生主动地获取知识，知识才能够真正地活起来。文章主要以 PEP 小学英语五年级上册第四单元“What can you do? A Let's learn”为例，简述互动课堂在教学实践中的应用。本单元主要围绕着“你会做什么”这个话题展开，教学内容与学生生活紧密相连。

1. 主导者提问

本课时要求学生简单介绍自己能做的事。课堂伊始，教师可以设置课程相关话题的情境，比如：Mr. Robin 即将开办一个兴趣活动中心，届时将会有一个开幕仪式，以激发学生的学习兴趣。虽然这是一节词汇课，但是词汇的运用一定是在特定的语言背景下才得以实现的。因此，可以将本节课主要句型“What can you do?”率先进行导入，通过开幕式当天，有记者对 Mr. Robin 进行采访，教师通过采访中教师与多媒体的对话互动展现本节课所学知识。铺垫之后，教师就可以正式进入课堂展示。展示的过程中，教师可以运用提问的方式，逐步对课堂内容进行深入，不断地靠近本节课的重点内容，比如就这堂课的内容，先展示一张图片，提问：“What can you see?”之后再进一步深入“What can you do in this room?”这样的教学方式能够有效地引导学生进行思考，帮助理解本节课的内容，并且可以帮助学生就如何进行构建有效的学习策略提供方法，做到真正地授之以渔。

2. 互动课堂的换位教学处理

教师作为主导者在课堂知识授予既引入联结部分发挥主要作用，那么在感悟生成的阶段，学生就应该作为主体，对知识进行深入的理解与运用。教师在设置活动的时候，可以根据不同的场景让学生进行换位角色扮演，这也是小学英语课堂教学当中教师常用的活动。在本文的课例当中，Mr. Robin 作为主人公串起了整个教学场景，并引发了一系列的对话。在新词教授完成之后，接下来的活动是学生作为 Mr. Robin 的助手帮其招募“文艺汇演”的参

赛选手。学生在这个活动当中不断地变换身份进行练习，可以加深对词汇和句子用法的理解。因此换位教学不仅可以让学生对知识有更加深入的了解，明确不同场景下语言使用的特点，还能够帮助学生进行换位思考，发散思维，提高学生对知识的敏感程度。

3. 教学融入实际

在对知识进行了一定的了解与运用之后，教师需引导学生将知识与生活实际相结合，让学生从生活当中寻找问题。除了书本上提及的活动，让学生就生活中还参与了哪些活动这一话题展开讨论，或者可以用采访等活动形式了解其他同学的生活经历。在互动课堂上，教师还可以将拓展活动作为一个课后作业，以小组形式让学生去调研周边的活动中心开设了什么课程，下节课展示小组调研报告。授课知识与生活实践相结合不仅可以让学生学有所用，还能够提高学生对知识的渴求程度，达到主动学习的目的。

三、教学上开展互动建议

1. 多运用积极性的语言进行交流评价

一个好的老师一定知道怎么和学生对话。在教学课堂中，语言交流是最主要的教学方式。首先，在教学的开头，教师可以运用启发性的语言点燃学生的好奇心，把学生带入课堂的情境当中；教学中，用高低起伏的语音语调吸引学生的注意力，带动课堂气氛，把握整体节奏；在学生回答问题之后把随意性的评语变为可激发学生更加积极思维的特意性评语，比如："You are amazing!""How do you know that!""You really did it!"等。从教学实践中发现，对于学生的回答，教师从态度、语言以及肢体上的赞美与激励能够调动学生的课堂参与积极性，并可以帮助学生建立学习英语的自信心。

2. 设置丰富的课堂活动

丰富的课堂活动不仅能够让学生加深对知识的理解，还能增强学生学习英语的兴趣和积极性，与此同时，还能让学生意识到英语在生活中的实用性。但是在设计活动的时候，首先要以学生为主体，明确活动的目的；其次活动的方式可以运用多种形式，从个人思索、两人讨论到多人互动、全体互动一步步递进，尽可能让全体学生都可以参与到活动中来，每个人都成为活动中的一分子。

3. 善用多元化评价方式

学生学习评价是贯穿整个授课过程必不可少的环节。根据评价的时间段和目的不同，学习评价主要分为：学习效果评价、学习过程评价、进展性评价以及总结性评价。选择评价方式的根本出发点是为了配合预期的学习成果。教师给予评价的时候要掌握时机与方式，比如，在回答“What can you do?”这个问题的时候，一开始学生并不能够完整地用句子回答“I can…”这时候就需要教师进行适时的评价与引导，在学生回答之后先进行表扬，再鼓励他用更加完整的句子回答。合适的时机，合理的评价方式不仅可以激励被表扬的对象，还能够给其他学生做一个很好的示范。除了教师评价，还可以让学生进行同伴互评，鼓励学生说出自己的想法，来自同伴的鼓励与肯定，也能让学生建立更加强大的自信心。

总的来说，要开展好互动课堂，离不开课堂的主体：老师和学生。要形成一个高效的互动课堂，老师应该从备教材，备学生和备教法就苦下功夫，设计新颖的活动、话题导入形式，思考学生如何从每一个教学步骤当中达到教学目标，并根据学生的表现及时给予目的性的评价。互动课堂不仅使学生能够更加主动积极地获取知识，还能够让老师不断地在一次次的互动当中获得学生的反馈，并及时反思教学，进行改进与创新。在具体的实践应用上，教师还需要进一步结合生活实践进行教学，在学习和生活之间建立联系，提高学生的综合素养，培养学生的积极能动性。

【深度思考】

塔拉·韦斯特弗在其著作中提出：“教育意味着获得不同的视角，理解不同的人、经历和历史。教育应该是思想的拓展，同理心的深化，视野的开阔。”我深以为然。教师授课前不仅要充分地了解学生，在课堂上充分调动学生的积极性；在授课中也要从知识的角度出发，拓展学生的知识边界，同时注重对学生思想的启发和人格的塑造。

浅谈新课改背景下的中小学体育教学方法创新[①]

廖巧荣

【主要观点】

新课改政策的提出与落实，对中小学体育教师提出了更高标准的教育要求，教师们不仅需要重视体育知识、体育技能教导的效率与质量，还要将“以人为本”作为教育的指导思想，要在教学环节中，时刻关注学生学习、运动的意愿、情绪，要让学生们可以更加轻松、更加自主地参与体育教学的环节当中。

【经验分享】

在实际教学工作中，我着力开展新课改背景下的中小学体育教学方法创新，取得了一定的成效。

一、合作化创新，强化学生运动素质

合作化创新顾名思义，即中小学体育教师打破传统“整体化”的教学格局，根据体育教学需求，遵循一定的标准，将学生们划分为若干小组，让他们以小组合作的形式进行学习与练习。这一角度的创新，不仅有助于改善体育课堂的运动氛围，还有助于调动学生自身的主观能动性。因此，教师可以用合作化的方式创新教学方法，并在这一过程当中，逐步强化学生的运动素质。

例如，教师在教学“跑步”相关的课程时，可以根据学生自身的运动素

---

① 此文曾发表在《启迪》2022 年第 5 期。

质强弱，将之划分较强、适中、较弱三个水平段。授课时，教师应将教学环节拆分为两个板块，其一为课业教导，该环节，教师应对课程知识、运动技巧作出深入浅出地讲解，并教授学生具体的跑步技巧；其二则为小组实践，该环节，教师应对先前划分的运动水平段进行二次组合，让各个小组分别配置一名运动能力较强、适中、较弱的学生，而后，由运动能力较强的学生带领两名队友进行实践。在此基础上，教师还可以开展小组竞赛，进一步提升合作训练的有效性。教师以小组合作的方式进行授课，既达成了现阶段的教学任务安排，又培养了学生的团队合作意识，进而在合作运动的过程中，切实强化了学生们的运动素质。

二、生活化创新，塑造学生健康意识

体育学科的教导有着深浅两层目的，浅层目的旨在强化学生的运动素质，提高学生的运动水平，而深层目的则是保障学生的身心健康，塑造学生的健康生活观念与健康行为意识。为了达成这一教育目的，教师则可以对教学方法作出生活化的创新，让学生们在观察生活、思考生活的过程中，学习其中包含的体育健康知识。

例如，教师完成某一运动强度较大的课程的教学后，可以利用剩余时间，教导学生健康生活相关的知识。如健康行为意识，这一体育知识主要作用于学生的日常生活，具体表现为学生可以自主、主动地完成有利于身心健康行为的思维意识。比如，规律的作息、充足的睡眠、合理的膳食搭配、适度的体育锻炼等。教师在教导学生健康行为知识的同时，还可以进行提问，以此来引发学生对“不健康行为”的思考。教师以生活化的方式创新教学方法，围绕生活阐释体育健康知识，既有利于增长学生的体育学习见地，还有利于提升学生对体育、生活、健康的认知，进而塑造学生健康的生活意识。

三、案例化创新，培养学生体育品德

什么是“体育品德”？简单来说，就是思想道德在体育方面的表现，培养学生的体育品德，不仅可以加速学生良好思想意识的塑造，还可以让学生自觉遵守体育竞赛相关的要求与准则。为了达成这一教育目的，体育教师则可以对教学方法作出案例化的创新，通过体育案例分析的形式，阐释其中包含的“体育品德”知识，并在这一环节中，逐步养成学生学习、成长所必需的体育品德素质。

例如，教师可以选择某一体育竞赛的记录作为德育案例。假定，案例为A、B两支球队进行对抗比赛，A队球员带球突破时，脚下打滑导致胳膊磕伤膝盖，B队球员第一时间上前询问伤员状况，并示意裁判暂停比赛，而后带领伤员前去疗伤。在这一案例中，教师可以教导学生学习B队球员公平竞争、尊重比赛、尊重对手等优秀品质，也可以围绕全部球员教导学生热爱体育竞技、艰苦奋斗、不畏苦难的优良品质。教师以案例分析的方式开展体育品德教育，既有利于降低这一知识存在的抽象性，还有利于端正学生对体育竞技的认知与态度，进而培养学生良好的思想品德。

四、整合化创新，提高学生体育认知

何谓“整合化”创新？简而言之，即体育教师基于“学科整合”的角度，将不同学科的知识、内容融入体育教学、体育训练的环节当中，让学生们在参与体育实践的环节中，可以学习到、了解到更加多元的知识要素，从而提升对“体育”及其他学科的认知。

例如，教师在授课时，可以根据教学、训练的内容，有针对性地选择整合的学科。如，“跑步”相关的课程，教师可以整合物理、科学等学科，在讲解跑步运动技巧的同时，从这两个学科的角度出发，细化讲解更为省力的跑步方法、更加科学且健康的跑步技巧；足球相关的课程，教师可以整合语文、历史等学科，在介绍足球运动的背景时，可以联系蹴鞠这一项目，以此来丰富学生对中国传统体育知识的理解；体操、舞蹈相关的课程，教师则可以联动音乐、美术等学科，通过赏析艺术体操、歌舞剧等方式，提高学生的审美水平、增强学生的体育实践能力。在条件允许的情况下，体育教师还可以将其他科任的教师带入体育课堂，由他们亲自讲解更为专业的学科融合的知识。教师选取学科联动的方式进行授课，既充实了体育课堂的教学内容，又增长了学生的体育学习见地，进而可以助力学生综合体育素养的培养。

五、联动化创新，构建优质成长环境

体育课程与其他学科相比，本就有着较大的运动量与较强的发散性。仅凭借体育教师一方施力，远远无法达到理想化的教学效果。为了有效改善这一局面，教师可以对教学方法做出联动化的创新，通过联动学生家长的方式，来弥补以往教学、训练环节中存在的不足，并在与家长们的密切配合下，逐步营造更为优质的学习、成长环境。

例如，教师开展家校联动教育训练活动时，可以从校园、家庭两个角度出发。校园角度，教师可以定期召开家校座谈活动，与家长们面对面地交流学生的运动需求，并根据家长们的建议，适度调整未来的体育教学、体育训练计划；家庭角度，教师则可以借助微信、钉钉等软件，与家长们进行线上沟通，或为家长们布置家庭的体育锻炼任务，或录制微课教学视频，让家长们利用家庭时间，陪同学生一起观看学习。教师将学生的家长带到教学环节当中，既拉近了家校之间的距离，又获得了得力的帮手，进而可以更有效地助力学生的学习与成长。

【深度思考】

中小学体育教师基于新课改“以人为本”理念的指导，选取多种适宜学生接受的方式创新教学方法，既丰富了学生的体育学习、体育运动体验，又获得了体育教学工作所产生的实际效果，进而为学体育高效教学的发展起到重要的推动作用。

浅谈小学音乐欣赏课程的高效开展策略[①]

杨晓慧

【主要观点】

音乐欣赏是小学音乐教学中重要的组成部分，在开发学生智力、陶冶学生情操等方面有着积极作用。然而当前音乐欣赏课教学效率低，需要讲究教学策略，通过多样化的教学手段引导学生理解音乐内涵、体验音乐乐趣，提高学生音乐素养。

【经验分享】

音乐欣赏课程的发展，是新课程理念下音乐教育的重要内容，其在丰富学生的音乐基础知识，开发学生的智力，培养学生的审美意识等方面，有着不可替代的作用。但是，在实际的基础音乐教育过程中，有很多课堂教学效果其实并不理想，一些教师仍然受到传统教学观念的影响，对学生的音乐教育没有给予足够的重视，教学方式单一，学生对音乐学习的兴趣不高，严重影响了音乐教学效率。为了有效改善这种教学状况，笔者将结合自身的教学做法与心得，对于音乐欣赏课程的有效教学策略进行一些讨论。

一、巧用网络媒体资源，激发学生欣赏兴趣

随着科学技术的不断发展，不仅人们生产生活离不开网络与多媒体，现代小学课程教学也已经逐步进入数字化时代，网络以及多媒体技术，在音乐教学改革中更是起着越来越重要的作用。在小学音乐欣赏课的教学过程中，

---

① 此文曾发表在《中小学教育》杂志 2020 年 2 月第 4 期。

教师要关注学生的思维认知特点，学会科学运用网络以及多媒体设备，为学生收集更为丰富、形象的教学资源，让学生在这种轻松愉悦的氛围中进行课程的学习，调动学生的学习兴趣，学习效率也能获得相应的增强。

例如，当教师向学生讲解充满战斗性的歌曲《只怕不抵抗》时，为了有效地激发学生的学习兴趣，教师可以充分运用网络以及多媒体技术，先在网络上收集相关的教学资源，像是电影《鸡毛信》的节选片段，然后制作成多媒体课件，带到课堂中引导学生进行观看，让学生了解抗日战争时期一些小英雄的事迹，以此来有效地扩展学生的知识面。同时教师还可以为学生搜集一些国家建设取得重大成就的相关照片，引导学生进行简单观看，通过视觉和听觉的双重刺激，让学生形象感知到战争时期，那些勇于为抗战做出贡献的人们，是多么的伟大，而现如今的和平生活是多么的珍贵。在资料展示过程中，教师可以搭配强烈的音响、生动的画面，让学生能够在环境营造的过程中，更加准确地把握音乐作品的形象、理解作品的内涵，学生音乐学习之后也将收获丰富。

二、开展趣味游戏活动，促进学生课堂参与

小学阶段的学生由于年龄较小，学习经验不足，学习注意力难以持续集中，因此，在音乐欣赏课程教学过程中，教师如果仍是坚持采用传统教学中的“讲述式”教学，一味地为学生讲解理论知识，长此以往学生只是被动地接收知识信息，不懂得主动思考，就会导致学生对音乐学习失去耐心，甚至影响到学生未来对于音乐学习的态度。所以为了有效地规避这一问题，让学生真正地乐学、好学，教师就可以通过开展趣味游戏，将学生的注意力吸引到教学中来，促进学生学习效率提升。

例如在教学生唱《猫虎歌》这首歌曲时，为了充分尊重学生的学习主体地位，提高学生的课堂参与程度，教师就可以组织开展趣味的游戏活动，引导学生进行角色扮演，让学生跟随音乐节奏进行表演，这样学生的课堂参与度提升，学习效果也能获得增强。又如教师在教学《欢乐颂》时，同样可以以趣味游戏来促进学生积极参与。教师可以先将学生分成几组，分别让各学生进行演唱，让学生进行相互评价，然后综合教师的评价，对优胜的小组给予一定的奖励，让学生能够在竞争中增强对音乐的理解，进而提升音乐教学质量。

三、积极组织实践活动，强化学生学习体验

组织实践活动，是小学音乐欣赏教学的重要组成部分。在小学音乐的课程教学过程中，为了实现课程的高效教学，教师不能忽视音乐与学生生活实际的联系，在教学过程中，应积极重视这种联系，根据教学内容，组织学生开展各种实践活动，让学生在实践中感受音乐的魅力。

例如教师在教学《拾稻穗的小姑娘》这一首歌曲时，为了强化学生的学习体验，让学生体会到劳动果实的珍贵，激发起学生爱护劳动果实的情感，教师可以组织学生进行一场校园内的“植树造林”活动，让学生带一些植物的种子，或者是为学生提供一些果树的小树苗，让学生通过亲身实践，感受那一排排小树种在泥土后生长的喜悦，感受这种劳动的快乐，激发起学生对劳动果实的爱护。通过实践活动的开展，学生对于歌曲有了感性的认知，这样教师在教授歌曲时，学生就能更好地感受歌曲的内涵，进而促使学生的学习效率与效益获得切实的提升。

总而言之，提高音乐课堂教学的有效性，是时代的要求，是教育教学发展的要求。在现如今新课改的不断深化和发展的背景下，作为教育工作者，一定要不断提升自身专业技能与专业素养，发展以学生为中心的有效教学，通过不懈的努力，使得音乐教学能够迈上一个新台阶。

【深度思考】

音乐欣赏教学作为一种审美和再创造的活动，包括了音乐的感知、情感的体验、音乐的联想等心理过程。在小学音乐教学过程中，教师必须通过有效的教学途径和方法，引导学生更好地在音乐中去了解音乐、欣赏音乐、更好地培养学生的音乐素养。

浅谈小学音乐课堂置境引入的方法与途径①

曹　煜

【主要观点】

英国教育家柏西·布克强调，“一名教师你首要的任务是去创造一种吸引力”，在一节音乐课堂中，教师要想达到引导学生“学动、想动、乐动、趣动、情动、意动”的教学目标，前提是自己的教学设计必须有较强的吸引力，利用生动趣味的教学形式，学生乐于接受的方式展开教学，有效提高课堂教学效率。

【经验分享】

置境引入环节，即教师根据课题创设某种特定的情境，以置带入、以境引入、以情深入展开教学，使得课堂达到事半功倍的教学效果。笔者根据自身教学实践经验，将音乐课堂置境引入方法的归纳为以下几种：

一、语言置境引入法

一节优秀的教学课例中，教师富有情感而又充满风趣的语言对于整节课的教学起着至关重要的作用。

如在欣赏课《溪边景色》中，运用语言置境引入法，向学生描绘溪边生机盎然的景象：天空中绚丽的云彩，溪边潺潺的流水声，鸟儿们在空中自由飞翔，小鱼们时不时地翻起细微的浪花……以声带情，以情引入，让学生充分发挥自己的想象力，感受大自然的阳光和煦、鸟语花香，感受大自然的

① 此文曾获惠州市2019年优秀论文评比一等奖，收录标题有修改。

美妙。

师：天空中漂浮着绚丽的云彩，鸟儿们在空中自由地飞翔，小鱼们时不时地翻起细微的浪花同学们……仔细听，你听到了什么？听后请说说你对这首歌曲的感受（播放音乐）

生 1：“我听到了小溪潺潺的流水声。”

生 2：“我感受到了鸟语花香。”

生 3：“我听到了布谷鸟儿清脆的鸣叫声。”

…………

师：“今天我们一起去清新的田园看看美丽的景色，让我们来听听这首乐曲《溪边景色》!”

由于教师充满诗意的语言置境引入，学生们在后面聆听乐曲时，积极性很高。诗意的语言能触动人们内心的情感，而优美的音乐更是人们内心情感的外在表现，两者相辅相成，使学生音乐情感得以在课堂中启发、表达。

二、表演置境引入法

学生的亲身参与是置境引入法的重要途径之一，在欣赏音乐的同时，学生可参与表演、演奏、创造性地为音乐伴奏，也可按音乐作品扮演角色；还可在欣赏音乐的过程中，利用音乐产生的情感和想象，通过绘画、诗歌、朗诵等多种形式表达出来。在表演和扮演的同时，学生随即陷入了音乐情境之中，仿佛变成了歌曲的演奏者、作曲者，向世界、众人抒发着自身浓烈的情感。

如《火车托卡塔》一课，教师首先创设乘坐火车的欢乐情境，邀请同学们一起参加人声模仿火车声音的比赛，每组选出一位“火车司机”担任领唱，一部分人模拟火车的汽笛声，另一部分人模拟车轮滚动的声音，在铿锵有力的节奏中，在充满趣味的比赛中，学生们情绪高涨，一边合着歌曲做火车开动的动作，引导学生进入情境，使整节课在乐趣中进行。

三、图形谱置境引入法

图形谱是将抽象、难懂的音乐通过简洁明了的图画或者符号表现出来，使得抽象的音乐变得形象化、具体化。在音乐教学中，恰当地运用图形谱教学可以起到一举两得的教学效果。

如二年级下册《狮王进行曲》，这是一首通过音乐描绘动物形象的乐曲。

在导课开始，老师可以不出示乐曲题目。让学生充分发挥想象，猜一猜这是什么动物。之后再出示狮子行走的脚印，启发引导学生一边聆听音乐，一边用简单的线条或图形表现狮子的吼叫声。最后让学生随音乐模仿狮子行走的动作。整节课把抽象的音乐变得形象化、生动化。学生在图形谱的引导下利用想象力感受乐曲，感受狮子的威严。

四、信息技术置境引入法

信息技术在音乐课堂中的有效运用，可以积极调动学生的视觉、听觉等感觉器官，优美的文字与悦耳音乐的结合，可视画面与文字的有效结合，带来视觉、听觉的强烈震撼，使得抽象的音乐变得具体、形象。使学生身临其境，课堂也变得丰富有趣。

如《欢庆的日子》一课，教师可借助信息技术手段剪辑陕北地区农民欢歌喜庆打腰鼓的庆祝场景来展开音乐教学。通过视觉、听觉的有效结合，让学生仿佛置身其中，这样可更好地调动课堂气氛，也能使学生更好地理解该曲所蕴含的思想感情。

【深度思考】

置境引入环节在音乐教学起着重要的作用，可以促进学生音乐智力发育，形成良好的音乐理解能力。教师要充分发挥自己的聪明才智，不断完善和提升自己的专业素养、教学技能，用创新的思维、发展的眼光来开展教学，用自身的魅力、独特的教学手段来实施，这样“阳光引悟新课堂三环教学模式”才能焕发出活力与生命力，达到应有的效果。

第四章 能力为先

如何让小学生拥有适当的语文课堂话语权[①]

叶小青

【主要观点】

小学语文课堂教学是培养小学生语文综合能力的重要途径，然而，在实际教学过程中存在着师生关系不平等的问题，致使小学生话语权缺失或过度自由。因此要认真归纳其原因，着重从教材、教师和学生三个方面来探讨如何让小学生拥有适当的语文课堂话语权。

【经验分享】

一、前言

语文课程标准提出“语文教学应在师生平等对话的过程中进行”。众所周知，教学是一个教师与学生，教师与文本，学生与学生，学生与文本之间相互交流与沟通、合作与共生的过程，而在这个过程中发挥重要作用的正是对话。然而，目前的教学实际却不尽如人意，要么教师滥用话语权，导致学生话语权缺失；要么学生拥有过度的话语自由，这些情况的直接后果是课堂无法在平等对话中进行，从而达不到教学目的，因此我们有必要重视这一现状，对其进行系统的分析与研究。

二、小学语文课堂话语权使用的现状——两种极端

纵观语文课堂，到底是一种怎样的状况呢？不是“填鸭”——老师滔滔讲授，便是“牵羊”——琐碎频繁的师生问答，或是“放羊”——课堂完全

---

① 此文曾获 2022 年惠州市教育教学论文二等奖、大亚湾区教育教学论文一等奖。

交给学生。总之，师生在课堂上缺乏平等对话，没能合理使用话语权，导致学生的主体性不能合适地体现。归纳而言，小学语文课堂话语权的使用存在两种极端现状，即学生话语权缺失与学生话语权过度。

（一）小学生话语权缺失

教师的职业特点，赋予了教师在课堂上至高无上的权力，这权力，常常使教师忘记自己是一个人，一个有着教师职业的人，也忘记学生是一个人，一个正在接受教育的人，也就更忘记教师与学生的关系实际上是人与人的关系①。因此，不平等的关系渐渐地滋生并不断发展起来。有些小学语文教师在课堂上仍扮演着一个发号施令的君主，而小学生则唯唯诺诺，唯恐说错一句话就要受罚。有一位语文老师请这学期唯一一个新同学李粤上台做自我介绍，当他把李粤二字写到黑板上之后，马上有位同学站起来说："老师，他写错字了，粤字写多了一横！""你的钻研精神值得肯定，但课堂上不能钻牛角尖，要多留意有价值的内容。如果你去研究这种对我们课堂没有多大意义的问题，只会浪费时间。另外，要严格遵守课堂纪律，不能随便插嘴。"教师的一番"教导"，让该学生羞愧不已，埋头坐在位置上，再也不敢发表异议了。由于教师独霸讲台，滥用话语权，致使学生习惯于顺从，就连几个爱表现的学生也因挫折感的不断累积而终于"自我封闭"，最后变为"沉默的羔羊"。

（二）小学生话语权过度

在一部分教师独霸语文课堂话语权的同时，有些课堂却是另一番景象。为了贯彻新课标理念，部分教师给学生提供更多独立思考的空间以及自我表达的机会，以培养学生个性。然而，实际效果并不令人满意，因为没有语文教师从旁指导，整节课下来，学生该说的不该说的都说了，而教师的预设目标却没有达到。

三、产生小学语文课堂话语权使用现状的原因

为什么在小学语文课堂中学生话语权会出现缺失或过度的情况呢？其原因主要如下：

（一）小学生话语权缺失的原因

现实中很多小学语文教师自始至终掌管着课堂话语权，一节课下来几乎

① 蔡伟. 新语文教学研究［M］. 杭州：浙江大学出版社，2009：13.

都是教师在说，而作为课堂主体的学生却很少开口，到底是什么原因造成这种现象呢？下面分别从语文教师及小学生两个角度来分析。

1. 语文教师角度

毋庸讳言，分数在教学过程中占有重要的地位。另外，教育评价是关系到教育思想和教育方向的关键问题，教育评价往往决定着教育的基本特点和具体特色①。评价一个学生好坏的标准就是该生最后的考试成绩，在这种片面的评价机制下，教师本身就是一个受害者，受此种教育评价左右，自然不敢大胆让学生"说话"。因此，很多教师的教学目的都很明确，即学生能在考试中获得高分。为了能达到这样的目的，教师便自动开启传统的"传授—训练"模式，使原本应该互动的语文课堂变成一言堂，教师享有话语霸权，从头到尾只是语文教师主动讲授，学生完全成为接收信息的机器。

2. 小学生角度

古人云："师者，传道授业解惑也。"这无疑向世人点明教师的作用，但同时也让不少后人产生误解，把语文教师的作用扩大化，因而，在课堂上学生自然而然地依附于教师，没有主体意识，一直甘愿处于被教师"牵引"的地位。其次，学生自身的思维惰性在作怪。比如老师在教学《匆匆》后提问："同学们想想，课文最后一个自然段在文中起什么作用？"全班学生鸦雀无声。老师见连问无果，只好点名，被叫到的学生想了好一阵，吞吞吐吐，词不达意，最终没能作答，其余学生噤若寒蝉，生怕下一个就轮到自己。类似的场景经常在语文课堂里上演。不少语文教师抱怨语文课难上，特别是阅读教学，学生不爱听又不会动脑思考，老师费尽了力也不能启发，最后变成老师自问自答。

（二）小学生话语权过度的原因

与那些固守传统的语文教师不同，部分语文教师积极学习新课改，唯恐自己的教学观念跟不上潮流。因此，为体现学生的学习主体作用，教师不再享有话语霸权，而是把更多的空间和机会让给学生，对学生的言说一味地表扬和肯定，久而久之，学生渐渐习惯于这种课堂话语空间和机会，教师很难再掌控全局，课堂将处于低度控制状态，学生便有了过度的话语自由。其次，

---

① 蔡伟. 新语文教学研究［M］. 杭州：浙江大学出版社，2009：25.

学生具有强烈的求知欲和表达欲。这种强烈的求知欲和表达欲若无节制地表现在语文课堂上，直接后果将是学生过度的话语自由。

四、小学语文课堂中，如何让学生拥有适当的话语权

学生，作为课堂的主体，无论是被教师牵着走，还是被给予过度的话语自由，都不利于其自身的学习及有效课堂的实现。为达到教育的终极目标，必须给学生适当的话语权。那么，小学语文课堂中，如何让学生拥有适当的话语权?

（一）小学语文教材突显人文性

《新语文读本》在一定程度上改变了传统教材那种严肃权威的面孔，提出新的教育理念，新的选文眼光和阅读方式，旨在提高学生运用语文的基本能力。同时还指出新的编排体例，即每册按主题分成若干专题，每专题前有导读，文内有注释，文后有阅读提示，让学生能够根据导读、注释和提示进行自主学习，不仅有助于激发学生自主学习的积极性，更在某种程度上体现了教育的人文性，开拓了学生的精神自由空间，使之大胆发表自己的意见，做知识的主人。何谓知识的掌握呢？即在知识传递系统中，接受个体通过领会，巩固和应用三个环节来占有知识，在头脑中形成相应认知结构的过程①。理解这个定义应注意：知识的传递往往会涉及三个因素——传递者（教师）、接受个体（学生）和知识。教师依据学习规律，把相应知识传递给学生。然而，学生在把外部传递过来的知识转化到自己的头脑之前，要经过一系列的内部加工（即认知活动）。只有当学生意识到自己是认知主体的时候，才谈得上积极主动地投入课堂的学习。

（二）小学语文教师要改变教学观念和方法

我们知道，语文教师在课堂上起着举足轻重的作用，学生能否很好地使用话语权很大部分取决于教师的指导。但是如果教师的某些观念和方法未能及时改变，学生的主体地位将难以实现。所以，要让小学生拥有适当的课堂话语权，教师首先应改变教学观念和方法。

1. 改变教学观念

很多教师深受传统观念的影响，常常忽略了学生的主体地位。对此，教

---

① 韩雪屏. 语文教育的心理学原理［M］. 上海：上海教育出版社，2001：175.

师应该进行深刻反思，着重于学生观、教师观及课堂对话观三个方面。

（1）学生观的反思

传统的小学语文课堂被习惯称为“满堂灌”，这体现不出学生的主体地位，长期如此，无疑会抹杀掉学生应有的思考能力和质疑的勇气。因此，教师应适当下放课堂话语权，让学生大胆说话。有位老师在执教《跳水》一文时，在本节课快结束的时候安排了一个环节，请学生上讲台分享文中哪一个情节让你的心情发生了变化。结合教师的板书，并以适当的语言加以解释说明，展示给全班同学。这一环节进行得非常成功，课堂气氛非常活跃、自由，大部分学生都能把握自己的舞台，同时也产生了对小说课文学习的浓厚兴趣。

（2）教师观的反思

在《〈语文考试说明〉该寿终正寝了》一文中，作者提到魏书生的一贯主张是要求教师在课堂上要少讲，精讲，精讲多练，变教为学，让学生真正成为学习的主人，只有当学生不依赖教师时，他的内心才会出现一个强大的自我，变得更有自信，越自信，越强大；越强大，越爱学；越爱学，越会学，如此良性循环，将会焕发出极大的潜能。教师不再是知识的权威，应把更多的注意力放在倾听学生的话语上，鼓励并指导学生质疑问难。学生能不能提出问题，会不会提出有价值、有研究意义的问题，全在于教师的启发和引导。因此，目前的小学语文课堂教学中，教师更应扮好引导者这一角色。

（3）课堂对话观的反思

在传统的语文阅读教学课上，语文教师在课堂上讲解自己的备课结果，学生除了从中获得对课文的理解结果之外，并未真正参与理解的过程，这种现象人们习惯称为“满堂灌”。后来，教育界又借鉴了苏联分析和谈话法，之后语文教师又把备课的结果转化为若干预设的问题，课堂从“满堂灌”又变成了“满堂问”，学生在课堂上唯一要做的就是迅速从课文中寻找只言片语以应对教师连续不断的提问。从表面上看，课堂气氛似乎很活跃，但实则是机械式的“问答”，而不是平等灵活的“对话”，是语文课堂教学中学生虚假主体性的体现，其原因之一就是教师的对话意识不够强。

2. 改革小学语文课堂教学的方法

传统的语文课堂教学着重在语文教师“说什么”这一方面，然而这往往会抑制学生主动意识的形成，让其一味地听从语文教师，缺乏自主学习与质疑精神，这不利于学生的学习与发展。比如《春晓》教学片段中，师：同学们自己读读这首诗，看看还有什么疑问。生：老师，我有一个问题。作者都睡着了，怎么能听见“风雨声”呢？我觉得这里写错了。师：孟浩然是我国唐朝的伟大诗人，他的《春晓》流传至今，哪会有写错之理！坐下！（教室里一片嬉笑声）。很明显，这位教师的教学设计中没有这个问题，他只是将课前预设的知识点说出来，并努力让学生钻进他预设的套子中，没有真诚去听学生的问题，最后草草结束学生的提问，这在一定程度上打消了学生发问的积极性。因此，根据新课程改革标准的需要，教师应适当改革教学过程的方法，即由“说什么”转变为“怎么说”。教师不妨以平等的心境和学生一道探讨有关问题，结合学生自身发展的实际，令其在语文课堂上能与教师平等对话，学会自我表达。

（三）学生要改变课堂学习方式

古人说得好，授人以鱼，不如授人以渔。在新课改背景下，语文课堂教学应彻底改变传统的以教师为主角的独幕剧模式，应彻底改变以应试教育为主要目的的枯燥、呆板的教学模式，激发学生求知欲望。在此基础上，学生更应当培养强烈的主人翁意识，充分认识到自身在课堂中的主体地位，变被动为主动。当然，这里的主动并不是一味地主动。比如：在某一作文指导课上，老师要求学生以“一路有你相伴”为题写一篇记叙文。然而课堂上有个学生并没有认真听老师的提示与讲解，擅自下笔，结果所写作文不但没有紧扣第二人称“你”，而且还完全离题。通过这一例子，我们明白，课堂学习不能一味主动，而是要结合教师的指导，有目的有选择地进行课堂学习，学会质疑和表达，并在课堂上与语文教师平等交流，为自身争取适当的话语权。

【深度思考】

教学的核心功能在于它的交流与沟通，合作与共生，而对话则是该核心功能有效发挥的桥梁。通过语文课堂对话，平等看待话语权问题，可以实现诸多教学要素的协同，最终达到课堂教学的终极目标。可以说教学对话是师生基于互相尊重、信任和平等的立场，通过言谈和倾听而进行的双向沟通、共同学习的过程。

如何培养学生的数学思考能力

——“正比例”教学案例[①]

刘小惠

【主要观点】

在教学中，我们常常看到很多学生能够听懂课堂上的知识，能够完成与知识点相关的习题。但是，一旦面对新的问题，或细微的变化，学生便不能够自主解决。笔者认为，这一现象归根到底是学生的数学思考能力没有得到真正的发挥。而我们的课堂应该更加注重学生数学思考能力的培养。

【经验分享】

在六年级“正比例和反比例”单元教学中，笔者发现，上课教师讲了很多，学生觉得都懂了，但在做作业判断两个量是否成正比例、反比例关系时，学生还是凭感觉做题，而不是通过数学的理性思考来答题，因此导致此类问题的错误率很高。然而，当你指出学生的错误时，大部分学生马上又能明白过来。为什么会有这种情况呢？难道只是学生口中所谓的粗心吗？

诚然不是。笔者认为这是学生缺乏数学思考能力的表现，而我们在课堂中要做的就是培养学生数学思考的能力。如，在“正比例”这节课上，学生要主动地思考、交流正方形的面积与边长，正方形的周长与边长，路程、速度与时间的关系，初步了解什么是正比例。然后，再去讨论“圆的面积与半径是否成正比例”这一问题。

---

① 本文曾获大亚湾区论文评比三等奖

在这一节课中，教师如何通过核心问题的引领，如何通过学生充分思考、积极讨论、真正争辩的学习方式沟通数量之间的关系，如何使学生对正比例意义的理解更加深刻，尤其最重要的是在这个过程中如何提高数学思考能力，发展思维能力，是我们在教学中需要重点思考的问题。

教学过程

一、创设情境，体验数量关系

一种笔销售的数量与总价的关系如下表 1：

数量/支	1	3	7			…
总价/元	2	6		16	22	…

师：这张统计表怎么填完整？

师：你是怎么思考的？

生：总价÷数量=单价（一定）。

杯子的底面积与水的高度的变化情况如下表 2：

底面积/cm^2	10	15	20	30	60	…
水的高度/cm	30		15			…

师：表 2 谁会？

生：因为体积不变，10×30=300，20×15=300，所以 300÷15=20，300÷30=10…

师：真好。那么你刚才说的体积不变是怎么求的？

生：底面积×高=体积（一定）。

小轿车的价格和保险费的关系如下表 3：

车价/万元	3	4	10	20	22	…
保险费/元	1000	1200	2156	3728		…

师：这张表格呢？为什么填不出来？

生：因为车价和车险的变化没有规律，没有不变的量。

师：请观察这 3 张表格，它们有什么相同的地方？

生：它们都是一个量变化，另一个量也随着变化。

师：像这样一种量变化，另一种量也随着变化，我们就把这两种量称为两种相关联的量。

［设计意图：通过数量与总价、底面积与高和小轿车的价格与保险费这三组感性材料，让学生认识变量与不变量。并从一般出发引导学生总结归纳概念的基本特征，如果一种量变化会引起另一种量变化，那么这两个变量就叫作两种相关联的量。］

二、建构新知，初步认识正比例

1. 理解两种相关联的量

师：谁来说说什么是两种相关联的量？

生：一种量变化，另一种量也随着变化，叫做两种相关联的量。

师：谁能结合表格 1 来说说谁和谁是两种相关联的量？

生：总价和数量是两种相关联的量。

师：你是怎么知道的？

生：因为数量变化，总价也随之变化，所以数量和总价是两种相关联的量。

师：表格 2 呢？

生：因为底面积变化会引起高变化，所以底面积和高是两种相关联的量。

师：这张呢？

生：因为车价变化会引起保险费变化，所以车价和保险费是两种相关联的量。

2. 判断两种相关联的量

一批面粉的数量与质量的关系如下表 4：

数量/袋	1	2	4	7	11	…
质量/千克	30	60	120	210	330	…

平行四边形的面积与底的变化情况如下表 5：

面积/dm^2	42	60	72	90	120	…
底/dm	7	10	12	15	20	…

一段布用去的米数和剩下的米数如下表 6：

用去的米数/m	80	100	120	130	150	…
剩下的米数/m	120	100	80	70	50	…

师：这里还有 3 张表格，请你观察一下每张表格中的两种量，它们是不是两种相关联的量？

生：表格 4 是两种相关联的量，袋数变化，质量也随之变化。

师：那表格 4 中什么量是不变的？怎么求？

生 1：总质量÷袋数＝每袋的质量（一定）。

生 2：面积÷底＝高（一定）。

生 3：用去的米数＋剩下的米数＝总米数（一定）。

3. 认识正比例

师：现在这里一共有 6 张表格，你能按一定标准对它们进行分类吗？

生 1：表 1、2、4、5、6 一类，3 一类。我是根据有不变量的为一类，没有不变量的为一类。

生 2：我是根据不变量的求法来分类的，1、4、5 都是用除法一类，2 是用乘法一类，3 是没有不变量为一类，6 是加法为一类。

师：像 1、4、5 这 3 张表格中的两种相关联的量，相对应的两个数的比值一定，这两种量叫作正比例的量，它们的关系就是正比例关系。

4. 揭题：这就是今天我们要学习的正比例知识

5. 理解正比例

师：谁来说说怎样的两种量叫作正比例的量？

师：例如表格 1 中谁和谁是正比例的量？

生：总价和数量是正比例的量。

师：你是怎么知道的？

师：表 4 呢？

生：因为袋数和质量是两种相关联的量，相对应的两个数的比值一定，所以袋数和质量是正比例的量，它们的关系是正比例关系。

师：表 5 就请同桌互相说一说吧。

师：表 6 这两种量不也是两种相关联的量吗？

生：不是，因为它们是和一定，不是比值一定。

师：表 2 和表 3 呢？

师：你还想到了什么一定也不成正比例？

（小结）师：看来判断两种量成不成正比例关系，必须具备哪些条件？

生：（1）两种相关联的量；（2）相对应的两个数的比值一定。

师：如果老师用字母 x 和 y 表示两种相关联的量，k 表示它们的比值一定，你能用一个关系式表示吗？（$y/x=k$）

6. 生活中的正比例

师：你能举出生活中正比例关系的例子吗？

[设计意图：学生学习概念要经历一个复杂的认知过程，才能实现从感性向理性的过渡。通过这 6 组素材让学生进行分类、比较、分析，层层深入，使概念的本质属性凸显出来，概念的本质更加清晰、明确，使学生对概念内涵的理解从文字层面进入实质层面，最后可以结合这 6 张表格理解正比例的内涵与外延。]

三、拓展提升，抽象本质

师：圆的面积与半径成正比例吗？你是怎么想的？

在大部分学生有了想法后：

生 1：我认为是正比例关系。因为半径越大，面积就越大。

师：看起来是这样的，面积随着半径的扩大而扩大。

生 2：但是它们的比值是不一定的，所以它们不成正比例关系。

生 3：比值其实也是确定的。

师：哦，有了分歧，有人认为比值是确定的，有人认为比值是不确定的。能把你的说明过程分享给大家吗？

生 1：成正比例，因为面积÷半径＝2π（一定）

生 2：举例子，12.56÷2＝6.28　　50.24÷4＝12.56。

生 3：比值变了，怎么能成正比例？

师：πr 是一个确定的值吗？

生 4：不是，r 在变化，那么 πr 也在变化。

师：对啊，实际上你已经在说明它们之间的比值是在变化的，并不是一个确定的值。那我们再看刚才这位学生写的说明：成正比例，因为 π 一定，面积÷半径＝2π（一定），2π 是不是一个确定的值？

生：可是圆的面积除以半径不等于 2π，而是等于 πr。

师：那你们现在都同意圆的面积与半径之间不存在正比例关系吗？请说明理由？

生：不成比例，比值 πr 不一定。举例子：半径为 1 时，面积为 3.14，半径为 2 时，面积为 12.56……它们的比值是不同的。所以圆的面积与半径不成正比例关系。

师：你们发现了吗？要说明两个量是否成正比例，要看两个量哪个方面的特点？

生：看两个量的比值是否一定。

师：通过我们刚才的讨论，你明白了什么？谁来总结一下？

生总结：成正比例要符合两个条件，除了两个量是相关联的量以外，更重要的是相对应的比值是一定的。圆的面积除以半径的比值是 πr，它不是一个确定的值。举例子也是说明问题的好办法。

【深度思考】

在过去教学正比例、反比例时，很多教师常常对学生数学思考的重视程度不高，把重点放在了对正比例概念的理解上，而没有启发学生通过数学的思考去获得知识。比如组织学生讨论“圆的面积和半径成正比例吗？你是怎么想的？”等类似这样的问题，都是培养学生进入数学思考的学习方式。

在上面的教学案例中，呈现问题后，教师不是只重视自己的讲解，或者只重视个别优秀学生的想法，而应让每一个学生都能独立思考问题，无论是对的还是错的想法都写下来。在组织学生交流时，教师没有讲清自己的解释，也没有让几个优秀的学生代表来教所有的学生，而是带着学生一起理解。从一个错误的回答入手，引导学生敢于说出自己的想法，然后再引带学生进行分析，交流自己的思考过程，通过学生与学生之间的交流、辩论、分析，一步步把正确的想法呈现出来，最后学生终于明确本节课的难点，在于判断两个量是否成正比例，最重要的是从正比例的意义出发先看两个量的变化是否关联及其变化的关系，再看两个量的比值是否一定。除了明白这些，更重要的是，通过这样的学习方式使学生经历思考问题的过程，让学生从此养成一个习惯，当一个问题不清楚时，不能凭着感觉去做判断，而是要进行数学方面的思考与分析，从而真正提高解决问题的能力。学生的数学思考能力就是在每一节课堂中通过让学生真正地思考培养出来的，不是一蹴而就。

浅谈数学教师课堂教学组织能力的提高

——以《摸球游戏》为例

官丽琼

【主要观点】

教师想要将知识和方法精准地传递给学生，使数学教学有序地进行，就必须对课堂进行全面的调控和管理。注重学生良好行为习惯的养成，进行明确的引导，控制活动的节奏，完善备课计划等方法都有利于教师课堂组织管理能力的提升。

【经验分享】

课堂组织管理能力是能够反映教师教学质量高低和教学效果优劣的综合能力。在课堂上，善于课堂组织和管理的教师可以根据学生身心发展的特点和教学规律，灵活运用各种教学技巧，合理设计教学内容，运用随意注意和不随意注意相互转换或交替的规律，使教学内容生动活泼、难点分散、重点突出、课堂节奏张弛有度，并能按照教学内容选择合适的教学手段，使内容简明易懂，激发学生的兴趣。如何在教学中提高课堂教学的组织能力？接下来，我将结合《摸球游戏》的教学谈谈我的思考和实践。

2020 年秋季学期，刘老师在四（3）班试教《摸球游戏》的一堂课，教学片段如下：

【教学片段一】激趣导入

师：同学们，你们喜欢做游戏吗？今天我们就来玩摸球游戏。（板书课题）

师：老师手里有个摸球盒，现在我开始往里面放球，刚刚我往盒子里放的是什么球？（全部都是红球），哪位同学有兴趣上来摸球？

学生摸球教师猜球。

不管学生摸几次球，教师都猜红色。

师：为什么我每次都能猜到红球呢？

生1：我看到老师放了2个红球进去。

生2：因为盒子里的全部都是红球，所以他每次摸出来的一定是红球。

师：我可能摸出白球吗？为什么？

生：不可能。因为盒子里没有白球。

师：他有可能摸出白球、黄球或其他颜色的球吗？为什么？

生：不可能。因为盒子里根本没有其他颜色的球。

【分析思考】上课伊始，通过“生摸师猜”的摸球游戏，比较容易营造师生互动的课堂氛围，从而提高学生的学习兴趣，调动学生学习的积极性。但是，在玩游戏过程中由于教师没有提前和学生讲清规则，学生积极性都很高，跃跃欲试，导致场面稍微有些混乱。

【教学片段二】合作探究

出示教材第97页的情境图

师：同学们，请看大屏幕，当我们往盒子里放入这些球，再分别从盒子中任意摸出一个球，说一说，可能摸出什么球？

学生积极回答问题

师：想不想自己摸球来验证猜测？

生：（几乎异口同声）想。

师：那请一位同学来记录摸球的颜色，剩余的同学来摸球，老师走到你的位置，你就伸手摸出一个球，好吗？

生：好（异口同声）

教师绕教室一圈，让每个学生摸球。

【分析思考】学生在上一节课已经初步感受到了可能性有大有小，结合摸球游戏的具体情境，每人再次经历“猜测—实践—验证”过程，进一步体会了随机现象发生的不同可能性。就学生的情感体验来看，他们对这样的摸球游戏回味无穷，大大地满足了他们的心理需求。但由于学生过于热情高涨，场面一度混乱，学生往往摸到球就马上放回盒子里，记录员根本看不到球的颜色，记录不到数据。且学生兴致过高，导致教师还没摇动盒子，学生就迫不及待把手伸进盒子里，导致数据有偏差。

这节课给我不少启示：

规范课堂秩序，树立良好的行为规范，有序的课堂秩序是有效教学的基础。赫尔巴特对课堂秩序的管理非常重视，他说："如果不坚强而温和地抓住管理的缰绳，任何功课的教学都是不可能的。"因此，课堂组织管理首先要管理课堂秩序。一个规范的课堂秩序，不仅可以保证教学的有效性，而且可以培养学生良好的思想品质和行为习惯。要达到这一目标，针对这一堂课，我认为应做到以下几点：

（1）教师要借助口令培养学生良好习惯。如刘老师教授的《摸球游戏》一课，课堂活动较多，操作性较强，十分考验教师的课堂把控能力。教师可以在活动结束时，利用"一二三，坐端正"或"时间到，我坐好"等口令来吸引学生的注意力，让学生把注意力转移到下一问题上来；同时也能利用口令作结束语，自然地过渡到下一个教学环节。

（2）教师对学生要做到刚柔相济。良好课堂纪律的形成有赖于教师的威严和爱护，教师要严慈相济，做到尊重学生与严格要求学生相结合。如刘老师教授的《摸球游戏》一课，在通过摸球游戏验证猜想环节，让全班学生都参与到活动中来，不仅关注到了学生的情绪、兴趣爱好等方面的需求，也遵循了学生年龄小，正处于具体形象思维向抽象思维转变等身心发展特点，充分地尊重学生，使学生在教师的关注下以最佳的状态成长。但在玩游戏的过程中，教师没有明确地提出活动的要求，对活动中出现的不合理操作诸如摸完没有放回去，没有及时报颜色，摸完一次没有摇晃等行为，没有及时纠正，导致后面同学纷纷效仿，不仅增大了实验的误差，导致数据失真，还使课堂越来越吵闹。由此可见，尊重学生和严格要求学生缺乏其中任何一项，都会影响正常的课堂教学秩序。

（3）教师教学伊始可出示目标导学。在进行探究活动时，教师可以在活动开始前，出示本次活动的目标和要求，最好用文字显示出来，并让学生朗读，使学生做到心中有数，规范行动的范围。如刘老师在合作探究环节活动开始前，可以这样设计：

PPT 出示问题：分别从盒子中任意摸出一个球，说一说，可能摸出什么球？

学生大胆猜测

师：怎么验证你的猜测是对的？

生：动手摸一摸。

师：怎么摸呢？

学生纷纷发表自己的看法。

师：每个同学的规则都不一样，听谁的好呢？

生：统一规则，听老师的。

师：好，针对以上问题，我列出了以下摸球的规则。

课件出示活动要求：

① 一位同学作记录员，记录每次摸球结果。

② 剩余同学摸球，一人一次只能摸一个，并要大声说出球的颜色，摸完要把球放回盒子里。

师：请同学们大声读活动要求，这个活动要注意什么问题？

这样设计，比较容易让学生明白要做什么，怎么做，为什么这样做。学生思路清晰，更加容易实现教学目标，使课堂井然有序。

（4）教师备课中要充分预设突发情况。备课时，教师应充分预测课堂中学生会出现的各种偶发情况，并想好应对措施，做到随机应变、沉着冷静地面对。课堂的组织管理不能仅限于“进行时”，还要防患于未然。如在提出问题：“从第 3，4，5 盒中摸出白球的可能性一样吗？”时，学生可能会回答，第 3 盒（1 白 3 红）和第 4 盒（1 白 7 红）摸到白球的可能性一样大，因为白球都只有 1 个。这样的结论是学生单纯“看到”的结果，是学生具体形象思维的反应，教师不应直接否认，应提前做好预防措施加以引导，以这个错例对比，加深学生对判断可能性大小方法的理解。这样做既达到有效教学，又维持了有序的课堂秩序。

在课堂教学过程中，课堂组织始终要贯穿于课堂教学，同时注重教学内容的安排和教学方法的组织，让学生在学习的过程中自觉地被吸引，形成良好的课堂氛围，从而提高课堂教学的效率。

【深度思考】

为顺应时代的发展，我国教育从应试教育转向全面素质教育，这不仅满足了我国未来发展的需要，也符合国际教育发展的总趋势。在新课改之后，我国数学课堂也面临着一系列的问题。如何有效地提升数学课堂教学效率，如何不断提高教师的组织能力，如何更好地提升教师的素质和与之相适应的教学水平等，这一系列问题都将成为今后数学教师必须面对的严峻挑战。我们只有不断地去探寻并努力解决这些问题，才能更有效地促进我国数学教育的良好发展。

浅析小学英语课堂融合绘本教学的实践价值[①]

——以人教版小学英语三年级下册 Unit 3 At the Zoo 为例

曾舜文

【主要观点】

《义务教育英语课程标准（2011 年版）》（以下简称“课标”）明确指出，英语课程承担着培养学生基本英语素养和发展学生思维能力的任务。绘本教学是小学英语常用的教学辅助手段之一，能立足学习环节，为课堂增添色彩，强化课堂内容，提高学生的学习兴趣。在实际教学中，教师可选择与课堂内容有关联的绘本材料，借助其固有的趣味性，通过融合绘本教学丰富课堂教学内容，提升学生的能力和素养，更好地引导学生运用所学内容进行实际的语言交际。

【经验分享】

在新人教版小学英语三年级下册的 Unit 3 At the Zoo 单元教学中，单词和对话板块介绍了 tall，short，fat，thin 等形容词和描述动物形象特点的句子；语音板块则通过例词和韵句帮助学生学习短元音 i 的发音，综合拓展的 story time 部分是关于动物的趣味知识。基于本单元的内容特点，以融入绘本的方式引导学生发现学习，激发学生的学习兴趣，提升学生的英语核心素养，凸显融合绘本教学的实践价值。

① 此文曾荣获 2021 年惠州市教育教学论文评比一等奖。

一、在单词和对话板块中提升学生的语用能力

本单元内容主要围绕动物话题展开。三年级的学生们好奇心旺盛，对动物主题有着浓厚的兴趣。在课堂设计中，教师利用情境将学生带入动物世界，帮助学生展开想象，立足本单元已学内容，融合绘本故事帮助学生猜测故事的发展。以“Prince Seb's Pet（王子的宠物）”为例，导入可以通过问题设疑，Do you have a pet? What's it? Do you often play with it?... 呈现绘本封面，启发学生观察交流。基于图片信息进行提问，引导孩子通过观察图片思考问题和进行预测，对故事阅读产生兴趣。如：A prince loves animals very much! He wants a new pet. Guess：What's his new pet? 让学生们踊跃猜测王子的新宠物是什么，进行动物类词汇的 brain storm。

在全面复习课文内容的基础上，学生能通过绘本充分发挥想象，用自己的语言去形容绘本中动物的特征。They show him a giraffe，but he doesn't like it，because it's too ____. 引导学生说出 It's too tall/big/small...。绘本能很好地与教材进行融合：《丽声北极星分级绘本》（第一级下）第三册《王子的宠物》与主教材第三单元 At the Zoo 对应，它们的课标话题都为“描述动物”。具体的词汇、句型对应如下：

主教材核心词汇：

giraffe，tall，short，elephant，long，big，small

主教材核心句型：

Look at...，It's...，It has...

绘本核心词汇：

giraffe，tall，elephant，long，whale，big，small

绘本拓展词汇：

pet，whale，golden fish，hen，chick，cute

绘本拓展句型：It is too...

由此可见，主教材中的核心词汇同绘本基本一致。不仅如此，绘本中所增加的拓展词汇和句型，能够对主教材进行更好的复习、巩固、迁移。在单词和对话板块中融入绘本能够大大地提升学生的语用能力，帮助学生准确地掌握词汇和句型信息；加强了英语课堂与实际生活的联系，实现从知识到能力的转化；促进其语言运用能力的提升，能够做到学以致用。

二、在语音板块中培养学生的观察与拼读能力

语音教学注重语义和语境，整体呈现例句和韵句能让学生们观察、发现并掌握发音的规律。在本单元的语音教学中，加入与字母 I（i）相关的绘本作为辅助和拓展，能帮助学生更好地总结和归纳短元音 I（i）的发音，加深对单词拼读规律的印象。通过利用课件展示将语音板块的单词 big，milk，fish，milk 用小故事串联起来，引导学生听、读例词韵句，做到词不离句。结合已学知识和新授内容，在课后拓展部分加入绘本尝试迁移，帮助学生自主拼读更多新词，拓展词汇量。以字母 I（i）主题绘本故事“A Big Big Day”为例，“Tim's friends bring many gifts for him. Let's see what are they?”通过闯关搜集拼图碎片的方式，逐一介绍 Tim 的朋友们所带来的礼物（见图 1、图 2）：

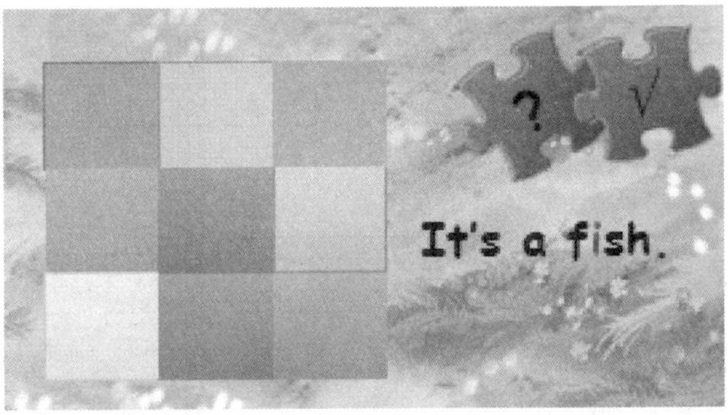

图 1

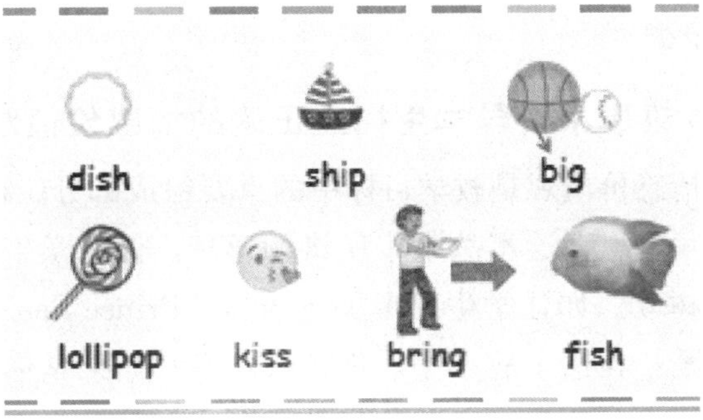

图 2

Puzzle1：Bill brings a big ship.

Puzzle2：Rita brings a big lollipop.

Puzzle3：Jill brings a big fish.

Puzzle4：Tina brings a big dish.

Puzzle5：Lily brings… A big big kiss.

Happy birthday，Tim!

通过比较新学的和已学的语音规律，教师引导学生进行自主拼读，将绘本单词与图片联系在一起，观察并尝试理解绘本故事。先感知语音，明确发音规则；后进行新词拼读，总结发音规律，这样能很好地提升学生自主学习的能力；再通过绘本鼓励学生在故事情景中巩固字母 I（i）的发音规律，逐渐强化学生的语音意识；最后通过收集的单词碎片拼成一个完整的绘本故事《A Big Big Day》（见图 4、图 5），既增加了课堂的趣味性，又能很好地进行课外词汇的拓展，提升学生的阅读理解能力及联想能力。

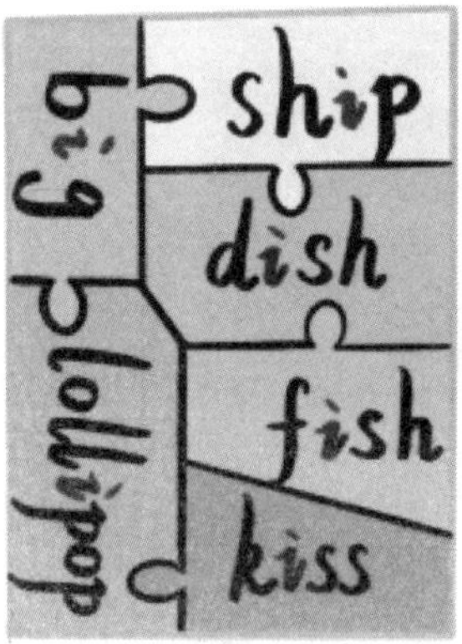

图 4

图 5

三、在绘本故事中引导学生树立正确的情感价值观

树立正确的情感价值观是教学目标中的重要组成部分。在英语的学习中，可以引导学生多角度思考绘本故事中所讲的道理，促进学生关键能力的发展和正确价值观的树立。如让学生思考关于绘本“Prince Seb's Pet（王子的宠物）”的几个问题：在这个故事中，你最喜欢谁？如果是你，你会送什么宠物给王子？你觉得王子会是一个什么样的人？你能从他身上学到什么？引导学生学会思考和判断王子的观点是否正确，行为是否合理。在完整真实的情境中发展学生的想象力，引导学生将故事与自身生活建立联系，通过讨论知道什么事情可以做，什么事情不可以做，学会控制自己的行为。通过评价分析故事人物加深理解、培养批判思维。

又如语音教学板块的绘本《A Big Big Day》，教学中可以根据学生的兴趣点、教学内容的情感目标设计问题：为什么 Tim 的朋友们要为他庆祝生日？生日需要为朋友们准备礼物吗？为什么 Lily 的礼物是一个吻？用这些具有多样性的问题引导学生通过猜测、讨论、判断和表达等学习活动来总结和归纳故事所传递的情感价值观，在寻求答案的过程中渗透人文知识、社交礼仪等。如文中提到的 kiss 在西方国家是一种表达爱和友善的方式，像 shake hands、hug、say hello 一样，都是礼貌的行为。学生们通过绘本的学习可以更好地进行思维活动和语言活动，树立正确的情感价值观和生活观。

四、在综合拓展中激发学生的思维能力

在融入英语绘本的教学中，绘本能挖掘孩子们的创新精神，为孩子们的创意提供情感基础和情境载体。以绘本为依托的综合拓展形式多样，丰富有趣，如 retell the story，act out story，continuation 等，这样的方式有助于实现知识的迁移，激发学生的英语思维能力。

在单元拓展部分，教师还可以继续抓住故事的留白让学生续编绘本故事，这样的任务能发挥学生的想象力和思维能力。学生能充分联系教材，把单元中所学的词句运用起来。续编故事这种开放式的活动符合小学生的年龄特点和兴趣爱好，在思考和想象中进一步锻炼他们的英语思维能力。在本阶段的教学中，学生的思维可以在绘本故事的驱动下变得更加灵活，对教学内容的整体印象也更加深刻。教师可以立足本单元的话题，让学生们尝试绘制一份思维导图来总结和归纳所学内容。以“Prince Seb’s Pet（王子的宠物）”为例，教师根据学生的归纳内容呈现思维导图（如图 5）：

图 5

综合板块的拓展活动涵盖单元的语言知识以及绘本部分的活动，综合性强，侧重培养学生的思维能力以及语用能力。多个独立的学习活动让学生通过理解、讨论和探索，提升学生的参与度和学习效率，培养思维的发散性。通过整理和归纳得出的思维导图脉络清晰，重难点突出，既提升了学生的思维能力，又加强了英语课堂和实际生活的联系。

【深度思考】

在小学英语的教学中，教师应深入分析和解读教材，立足单元话题，在课堂中融合绘本进行教学，优化单词和对话板块、语音板块和综合拓展板块的组合，充分发挥绘本的辅助作用，创造真实有效的语言情境，鼓励学生通过思考和交流发展思维能力，从而提升英语核心素养，锻炼学生思维的创造力和灵活性。通过清晰的教学主线和精心挑选的绘本作为辅助，以学生的兴趣和需求出发，培养和发展学生的思维品质，引导学生在英语学习中学会观察和分析语言文化，促进绘本在英语课堂中的有机融合，实现目标任务，努力做到全面发展。

沙画艺术——小学美术教学新路径①

王丹萍

【主要观点】

沙画是利用手工精制的天然细沙作画的艺术，沙画抓住儿童爱动、喜欢玩沙子的特性，将沙画艺术引入课堂，可以让孩子在玩中学，学中玩，当他们掌握一定的技法后，就可以随心所欲带着他们这个年龄特有的童心和想象力去创作。沙画表演性的特点可以保持学生对理论学习的兴趣，沙画易修改等优势可以降低学生在表现方面的难度，并且沙画速度快，教师能快速地捕捉到学生对于重难点的把握情况，教学效果事半功倍。

【经验分享】

沙画教学中可以加强中国传统文化的学习，提升学生对传统文化的兴趣和认同感。如古诗词是中国传统文化的精髓，用古诗词的诗情画意展示沙画就很符合沙画的美学特征，在诗词朗诵间与诗人进行深度的情感交流。让学生适应和享受这样全方位表演的创作方式后，还需要再进一步培养学生的原创能力。每个人对古诗词的感受和想象都是不同的，积极鼓励学生幻想和感受生活，饱含情感去创作，激发创造性思维，对于拓宽美育实施途径、提高学生美术素养具有重要的意义。

开设兴趣课程

沙画艺术需要的细沙、灯箱造就了沙画表演的独特性，教学的开展需要

---

① 此文曾在大亚湾区优秀论文评比中获一等奖

专门的功能室，建立沙画兴趣班要先培养一批学生。沙画作为一门培养学生兴趣爱好的课程，教师要针对教育对象的学情制定合适的教学方法，沙画教学的备课可以从兴趣导入、基础学习、技巧学习、拓展提升四方面着手。其中基础学习中包含沙画原理的理解、沙画手法的学习；技巧学习是指如何用巧妙的手法快速掌握一个图像的绘制，教师要进行生动有趣的讲解。

教师在教学过程中不断深入理解沙画艺术，解决教学上的基本问题，慢慢形成系统、专业的沙画教学；学生在学习的过程中不断适应沙画的绘画形式，探索和学习沙画艺术，慢慢适应和掌握沙画的表演技法。师生创作录制丰富多样的作品，利用信息技术在学校各走廊的智慧校园展示屏播放学生录制的动态视频，让沙画作品呈现在每个人面前。

走进美术课堂

沙画视频的独特性能吸引学生的注意力，激起对课堂学习的兴趣，美术专职教师可以录制沙画视频在美术课中直接用沙画视频导入。让学生体验声情并茂、以情动人的沙画视频。比如湘教版美术二年级上册小泥人一课，用《池上》这首古诗导入，以采莲娃娃为主要学习目标，吸引学生注意力。其实各个年级美术课的绘画中，许多都能联系到古诗情境，比如四年级风筝一课，可以从古诗《村居》体会到诗中快乐的孩子放学放风筝的乐趣，三年级端午一课，可以从古诗《端午》了解到屈原。用录制好的古诗沙画配音乐或旁白的视频导入，能使得课程流畅衔接，最重要的是教师可以灵活设计出符合教学重点内容的视频。当然沙画题材并不仅限于中国传统文化的内容。沙画的题材丰富能较好地体现学科融合，比如语文老师可以直接用古诗题材的沙画视频吸引学生的注意力，录制微课放入学校网络共享优质资源。

开展校本课程

我国正在健全面向人人的学校美育育人机制，缩小城乡差距和校际差距，让所有在校学生都享有接受美育的机会，提出加强乡村学校美育师资的培养和培训，培养能够承担美育教学与活动指导的兼职美育教师。沙画是近年才流行的表演艺术，热爱沙画的艺术家纷纷用不同的风格诠释自己对艺术的追求。在信息化的时代，网络的传播为广大艺术爱好者提供便利的学习途径，通过观摩学习国内外沙画艺术作品，与相关沙画艺术家交流，阅读与沙画艺术相关书籍，比如《7 天成为沙画大师》，研究和实践其中的理论知识，为沙画教学的实施奠定重要基础。其次，购买儿童沙画教育的相关书籍，比如《赞美沙画》，其绘画内容的趣味性、难易程度和清晰的步骤较符合小学生学习水平。

为了建立完善的校本课程体系，可以据学校实际情况分中高低段年级细化教学内容，制定专业系统的沙画校本教材，逐步发展成为全校性的校本课程，让每个班都体验到沙画的乐趣。比如可以每周开展两节沙画兴趣课，供学生们根据自己的兴趣参与课堂；每周开展两次下午放学的课后培优，供学生们更好地提升沙画绘画能力；周一至周五全校性校本课程由美术老师结合美术课程展开沙画教学。沙画教学中融合 1～6 年级不同学科的知识、技能以及学校和社区的活动，用沙画进行策划、创作与展示，体会美术与生活环境、美术与传统文化的关系，并结合四个学习领域分别设计内容标准与学习活动，从而形成依次递进、前后衔接的课程结构，适应不同年龄段学生在美术方面的情意特征、认知水平和实践能力。保证每个学生都可以接受沙画学习，使每个学生在自己原有的基础上有所发展。

沙画教学中信息技术的融合

沙画是一门现代化艺术，对信息技术的运用有一定要求，视频影像是沙画作品最佳的传播和展示形式，学生在教师的指导下确定作品的主题画面和文案；再调试设备进行绘制录制，利用连接电脑的摄像机捕获画面，安装 OBS 电脑录制软件；接下来为视频配乐录音，可以选择电脑端 Pr 软件或手机端 InShot 视频编辑器；最后将制作好的作品进行展示分享，比如在课堂中，学生可以上台在大屏幕中展示沙画绘画过程，录制并讲解沙画。台上是学生声情并茂的精彩表演，台下是学生兴趣盎然的欣赏，讲台不再是老师一个人的舞台，它变成师生共同的活动场所。在校园走廊的智慧校园展示屏中投放沙画作品，不仅让作者获得成就感，提升学生对文化获得的幸福感，也能让全校师生欣赏到沙画艺术作品，营造积极的校园艺术氛围。在互联网中，根据当下开展的校园活动或节日等为主题创作沙画作品，在学校的微信公众号以视频的形式传达相应的信息。让更多人欣赏到学生的作品，还能以点赞留言的方式进行交流，不仅能让各界人员感受到学校的教育热情，更是对学生才能的最大肯定。

【深度思考】

沙画表演具有极高的观赏价值，沙画艺术并不是一种脱离学习活动的消遣，是一种利用信息技术手段与教学资源的多元融合创新。我们要让沙画成为一种有利的教学资源，使沙画艺术课程成为孩子人生教育过程中重要的美育课程，扎根时代生活，遵循美育特点，不断提高学生的核心素养。

论民间美术融入小学课堂的意义及路径

毛　静

【主要观点】

民间美术是中国传统文化的重要组成部分，民间美术的艺术性、文化性、民族性、地域性特征决定了民间美术融入小学课堂的必要性，其对于满足学生的多方面需求和全面发展目标具有重要意义。当前小学美术教育对于传统文化的传承难以为继，民间美术的教育意义表现为其所具备的文化传承功能、审美功能、生活认知功能，通过与多种艺术课程的融合、与校本课程的融合、与生活世界的融合，由此实现民间美术融入小学课堂。

【经验分享】

一方水土养一方人，不同的地方，有不同的风土人情，各个地方的民间美术作品也代表着当地民俗文化和民俗审美取向。随着《九年义务教育艺术课程标准（2022 年）》的颁布，跨学科学习、素养导向成为新时代学科教学的必然。在小学美术课堂教学中，适当融入民间美术内容，不仅能够实现地域文化的传承，提升小学生对民间美术的认知，培养学生的动手能力、审美能力、创作能力，还能在民间美术教育中提升小学生对地域美术文化的认可度和自豪感，培养学生的爱国主义情怀。

一、民间美术的概念

民间美术是由人民群众创作的，以美化环境、丰富民间风俗活动为目的，在日常生活中应用、流行的美术。它不仅是广大劳动人民群众智慧的结晶，亦是传统文化的重要组成部分。为了丰富和完善美术课程，增强地方特色，在小学美术课堂教育教学中将民间美术融入是及时的、必要的。小学美术课堂教学与民间美术相融合，不仅能够使学生了解民间美术的丰富性，便于拓展美术教育的范畴，还能增长学生们的见识，提升学生的审美能力及核心素养。

民间美术是由中华民族创造的，其表现形式具有民间艺术性和民间文化性，是在习以为常的民俗生活和漫长的历史过程中由普通大众创造的，具有实用性且与生活息息相关相融的美术形式。民间美术形式多样，其包含了民间工艺、建筑设计和风格、绘画形式、雕塑技艺等民间绘画、民间建筑、民间工艺、民间雕塑、民间服饰、民间器具等各种技艺、民俗功能的形态以及范畴。

民间美术不仅代表着我国传统文化的情感气质、宇宙观、心理学、本原美学观和民族精神，同时反映了我国本原文化中的造型体系、色彩体系、哲学体系和艺术体系。民间美术具有很强的民族文化和地域文化特征，因为在民间美术的形成和创造过程中，人们采用的是就地取材的方式，所以我们会感觉民间美术更加贴近生活。

民间美术在学生的生活中无处不在，在小学美术教育教学中融入民间美术，将与学生生活息息相关的民间美术元素融入美术课堂教学中，将起到互相补充、相得益彰的效果。

二、民间美术的教育功能

（一）实现民间美术的传承

民间美术是传统文化传承的重要组成部分，也是我国非物质文化遗产的重要载体。民间美术作为一种文化载体，只有与人发生接触时才能获得生命力，人与文化相互作用实现文化与人的反哺价值，人在接触民间美术的过程中提高审美力和创造力，民间美术在与人的相互作用中得以更新和传承。比如，在过年的时候写对联、贴春联，元宵节的时候挂灯笼、猜灯谜等活动，不仅有浓厚的年味，还能在浓厚的年味中让我国新一代的希望之星传承风俗习惯，使得民间传统文化得到继承。

（二）提升学生的审美能力

美术教育的审美教育作用指的是人们通过参与美术教育活动受到真善美的感染与熏陶。由此提升思想道德与审美能力。民间美术体现着我国广大人民群众对真善美的艺术追求以及对美好生活的向往和寄托。随着时代的不断发展，新生事物的不断兴起，我国民间美术也紧跟时代步伐与时俱进，更好地体现人民群众的审美情趣。民间美术不仅可以提升学生的文化知识水平，还能提升学生感受美、欣赏美的能力，对学生素质的全面发展和社会的发展都有着重要作用。

（三）培养学生的创造力

民间美术有着悠久、深厚的历史，作品形式多种多样，体现了人们的宗教信仰、神明文化及人文事迹。小学阶段的学生好奇心是非常强烈的，融入民间美术教育能够更好地吸引小学生的注意力，同时也能够更好地提升小学生学习美术的兴趣。民间美术风格迥异，重彩浓墨，在视觉上能够有效吸引学生的注意力。学生能够从民间艺术作品中体会传统文化，增强感知、审美能力，并且能从作品中体会创作者表达的艺术情感，丰富其情感体验，在传承传统文化的同时，提升了创造能力。

三、民间美术融入小学美术课堂的现实路径

民间美术种类繁多，细分之下有皮影、面塑、泥塑、砖雕、竹编、蜡染等，每一种都蕴含了民族智慧。随着国家对传统文化和学生核心素养的重视，怎样才能将民间美术有机融合到美术教学中呢？

（一）与多种艺术课程的深度融合

民间美术作为一种课程资源，其进入小学课堂最主要的途径就是与多种艺术课程进行深度的融合，也就是说，将民间美术内涵的不同要素与不同的艺术课程进行整合，实现跨学科的课程教学。2022年最新艺术课程标准强调跨学科的教学，与多种相关课程融合提升学生的核心素养、综合能力。比如，将民间美术与民族音乐结合在一起，凸显民间美术的特殊性，视听结合，提升学生学习的兴趣。

（二）在美术校本课程中融入

民间美术能够反映出中华民族文化的特色、乡土艺术气息、文化价值及民族文化意识。在小学美术教育教学中，为了充分发挥学校教育在文化传承方面的优势，让民族美术得到可持续发展、保护非物质文化遗产，教师可以利用美术校本课程之机，挖掘乡土类艺术资源，借用本土文化，把民间艺术

汇集成册，形成学校校本课程。让民间美术既依托于美术课程，又独立于美术课程，通过校本课程的教学，让学生从多种感官获得学习的乐趣，逐步体会民族传统文化的博大精深。

（三）在现实生活世界中融入

民间美术作品的创作者是人民群众，基于生活的底色，作品大多反映的是人民群众对生活的追求及渴望，是一种对生活的热忱。民间美术是一种大众化的艺术，人民作为美术的创造主体，没有职业的划分或专业的形态，人人都可以是艺术家。基于这个特点，民间美术也更贴近学生的生活。在现实生活中，教师可以引导学生主动从现实生活感性形式中发现民间艺术，体会和感悟出民间艺术的美，更能够创造性地从中获得一种审美精神的愉悦，让学生深深体会到民间美术的魅力所在，最大限度地激发起学生对于民间美术的求知欲。

总而言之，将民间美术融入小学课堂的教育教学中，会产生不可替代的影响。不论是对地方特色文化的发掘和推广、非物质文化遗产的保护，还是对提升小学生的综合素养，都有着至关重要的意义和价值。

【深度思考】

在素质教育的实施和音体美课程的完善落实情况下，融合民间美术的美术课程能提高学生感受美、欣赏美、创造美的能力，也为培养德智体美劳全面发展的合格的社会主义接班人和建设者贡献美育力量。

“双减”政策下小学语文单元作业设计与评价探究①

黄　健

【主要观点】

随着“双减”教育政策的颁布，减负、提质、增效成为语文教育教学的关键任务。语文单元作业是语文教育教学活动的重要补充，在落实“双减”政策时，应分析小学语文单元作业设计并制定管理策略，结合设计原则，构建多元化的作业体系，以期真正落实“双减”政策。

【经验分享】

一、小学语文单元作业设计与评价现状分析

（一）作业设计不科学，降低学习效率

当下的小学语文单元作业设计缺乏科学性，具体表现为作业设计目标不明确、类型不够灵活、可选择范围不广泛、设计梯度和层次不够清晰几大问题，学生在完成作业的过程中，不能通过单元作业的内容达到有质量的学习和巩固。随着时间的推移，不符合标准的作业不仅会使学生失去学习的积极性，还会使学生对此产生强烈的反感。

（二）作业质量不理想，削减学习热情

一些语文单元作业设计过于追求整体性，因而缺乏创造性，其内部价值和外部导向之间存在错位。学生的发展存在个体差异性，当单元作业内容具有一定难度时，缺少引导的情况下，一部分学生可能无法独自完成单元作业。

---

① 此文曾获 2023 年大亚湾区小学语文教师教学论文一等奖并送省参评。

另外对于已经具备独立完成作业能力的学生而言，过于常规的作业设计也无法满足其个人提升的需求。一旦作业的整体设计不能对学生个体发挥指导作用，就不能激发学生的积极性，从而使他们的学习热情降低。

（三）作业评价不到位，弱化学习功能

有效的作业评价帮助学生拓宽思路，发展智能，有利于促进学生个性的张扬和潜能的激发。然而，在当前的语文单元作业的评估环节中，应有的反馈功能却未得以发挥。教师评语的模板化、评价方式的单一化问题普遍存在，仅根据学生作业对错、字迹等给予固定的 ABCD 或甲乙丙丁的等级评价已难以获得学生的青睐，这种直硬的评价方式无法激发学生学习的积极性，长此以往，学习和作业的功能将被弱化。

二、小学语文单元作业设计与评价实践原则

（一）整体性原则，深化课堂教学

作业是课堂教学不可缺失的延伸部分，单元作业设计的整体是服务于学生、服务于教学的，作业的设计既要着力于学生能力的培养，又要起到深化课堂教学的作用。因此，作业设计要遵循整体性原则，在将旧知联结扩展到新知的过程中进行有机协调，设计时要注重各课时之间内容的整体关联。学生通过完成作业，对单元知识结构的认知进一步完善，使语文素养得到提升。

（二）分层性原则，提高综合素质

分层性原则指的是在设计语文单元作业时，要以单元的学习目标、教学的重难点作为依据，一要明确任务的数量，二要明确任务的难度。要设计出多层次的作业，以供不同水平的学生进行选择，作业类型应从易到难，形成阶梯状、螺旋状。通过不同梯度的作业设计，增强学生的学习信心。此外，在进行作业设计时，应该将教学内容从课堂延伸到课外，让学生产生兴趣，提出问题，主动完成作业，使学生的综合素质逐渐提升。

（三）多元性原则，落实快乐学习

多元化的单元作业要依据学生的年龄特征、兴趣爱好、认知水平等进行巧妙设计。诸如情境化作业、实践性作业、创新性作业、综合性作业等，打造融合化的作业情境，将开放式的任务融入学生的思维过程中，促使学生乐于作业，善于作业，能够主动参与到做作业中，使得学生在做中学、在乐

中悟。

三、小学语文单元作业设计与评价策略探究

（一）回归教育本位，设置“情境化”单元作业

在应试教育之下，传统的小学语文作业无法避免理论化的趋势，语文作业设置缺乏对现实生活的关注。而情境化作业一般由具体任务、情境材料、真实问题组成。情境化的语文单元作业是将学习中产生的真实问题预设在学生个人体验、社会生活和学科认知的各类情境中，让学生在完成典型学习任务的过程中，运用所学的语文知识去解决现实或模拟现实中的问题。通过设置多点连接的作业情境，增加作业的“温度”。

在部编五年级下册“思维的火花”这一单元中，情境化的作业可结合本单元的教学内容合理设置，做到学习性与趣味性结合。例如，在设计文言文《自相矛盾》这一课时作业时，结合课后练习中的内容，设置任务一“智慧大解密”，按照难度梯度设计作业，如一星作业：背诵《自相矛盾》，并能用自己的话讲一讲故事。二星作业：请收集一个运用谋略取胜的故事，并画出情节图，给大家讲述这个故事。在《田忌赛马》这一课时作业设计中，设置任务二“机智故事汇”，布置作业：请回忆一下，生活中是否有你自己或其他人通过动脑筋解决问题，获得成功的事，写下来讲给大家听。而在《跳水》一课的作业设计时设置任务三“情景剧表演”，结合语文园地“词句段运用”。二星作业：想一想，时间与感受相互矛盾吗？为什么？你有过类似的体验吗？选一种体验写一写。三星作业：完成习作“神奇的探险之旅”，同学互评互改。最后设置拓展活动“年龄的秘密”，通过小组合作，搜集不同年龄的词语，收集含有表示年龄的诗句，开展“年龄的秘密”知识竞赛。在进行课堂学习的思考与互动的时候，学生可以与情景材料相结合，从而更加积极地参与到文本具体内容的学习中，从而获得更深层次的整体感知。在单元作业的情境化设置方面，把理论和实际结合起来，涵盖学生的阅读与鉴赏、表达与交流、梳理与探究的训练，学生的语文能力可以循序渐进地提高。

（二）链接生活实际，创设“实践自选”单元作业

语文源于生活，也应用于生活，语文作业的设计应当让语文走向生活，与生活建立密切的联系。“实践自选”单元作业在强调参与性和实践性的同时，也给了学生足够的自主权，使他们养成写作业的习惯，并积极主动地参

与其中，“实践自选”单元作业主要有以下几种：

实践自选作业超市表

类别	内容	自主选择打“0”
温故知新	复习本周学过的课文，大声至少朗读3遍 （需要背诵的要熟背）	
手不释卷	坚持每日阅读课外书，必要时做批注和摘记 （坚持“广泛阅读”，坚持“海量阅读”）	
日有所诵	坚持古诗文、童诗童谣的背诵	
劳动光荣	以家务劳动为主 （扫地、浇花、洗碗、拖地、学做简单饭菜……）	
艺术人生	看优质电影、综艺节目、纪录片，听音乐会，学琴棋书画	
生命不息	爬山、跑步、跳绳、仰卧起坐、球类运动…… （依据不同年纪确定达标项目）	
绿野仙踪	种植植物，饲养小动物，用照片或日记记录生长情况，养成观察的习惯（观察身边的人、大自然、动物、植物……）	
路在脚下	逛书店，参观博物馆、红色教育基地，短途旅行……	
天伦之乐	家人团聚，陪长辈聊天，和家人一起烧烤、采摘、亲子阅读、玩游戏……	
天马行空	让想象飞起来，制作小作品，玩出新意、创意……	

像“实践自选作业超市”这种单元趣味性的作业，就是在语文作业中融入了趣味性的概念，从过去枯燥的背诵、抄写等方式中解脱出来，让写作业成为一种乐趣。学生根据爱好差异性、学习特点自主选择作业内容、形式、难度，可以满足个性化要求，更容易获得愉悦的作业体验。倘若此类作业在趣味性的基础上，加入一定的难度梯度，更能激起学生的好奇心和挑战欲。这有利于帮助学生独立完成作业，并提高自我解决问题的能力。

（三）优化评价机制，形成“有效型”单元作业

教师可以通过对学生作业完成情况进行分析，从而调整接下来的教学计划，提高教学实效。学生和家长也可以通过作业评价掌握自己的学习状况，